मातृसत्ता, पितृसत्ता और जारसत्ता

खण्ड-पाँच

दलित सिविल कानून

‘मातृसत्ता, पितृसत्ता और जारसत्ता’
पर
डॉ. धर्मवीर की
स्त्री-पुरुष के सम्बन्धों पर
पुस्तक-शृंखला

खण्ड-एक	:	कामसूत्र की सन्तानें
खण्ड-दो	:	तीन द्विज हिन्दू स्त्रीलिंगों का चिंतन
खण्ड-तीन-क	:	प्रेमचन्द : सामन्त का मुन्शी
खण्ड-तीन-ख	:	प्रेमचंद की नीली आँखें
खण्ड-चार	:	थेरीगाथा की स्त्रियाँ और डॉ. अम्बेडकर
खण्ड-पाँच	:	दलित सिविल कानून
खण्ड-छह	:	दूसरों की जूतियाँ
खण्ड-सात	:	चमार की बेटी रूपा
सम्पादन	:	सीमन्तनी उपदेश

In English

Bijak Paternity

or

Back to the Ajivak Morals

मातृसत्ता, पितृसत्ता और जारसत्ता

खण्ड-पाँच

दलित सिविल कानून

डॉ. धर्मवीर

वाणी प्रकाशन

प्रकाशन के उत्कृष्टतम 62 वर्ष

vaniprakashan.com

सजिल्द पहला संस्करण : 2007
सजिल्द दूसरा संस्करण : 2022
सजिल्द तीसरा संस्करण : 2025

वाणी प्रकाशन

4695, 21-ए, दरियागंज, नयी दिल्ली-110 002

फ़ोन : + 91 11 23273167, 23275710

शाखाएँ

अशोक राजपथ, पटना-800 004, बिहार

कॉफ़ी हाउस कैम्पस, महात्मा गांधी मार्ग, प्रयागराज-211 001, उत्तर प्रदेश

महात्मा गांधी अन्तरराष्ट्रीय हिन्दी विश्वविद्यालय, वर्धा-442 001, महाराष्ट्र

sales@vaniprakashan.in
vaniprakashan@gmail.com

Matrasatta, Pitrastta Aur Jarsatta : (Khand-Panch)
Dalit Civil Kanoon
by Dr. Dharamveer

ISBN : 978-81-8143-634-4
Dalit Literature/ Criticism

मूल्य : ₹ 675

जी.एस. ऑफ़सेट, दिल्ली-110 095 में मुद्रित

वाणी प्रकाशन का लोगो मक़बूल फ़िदा हुसैन की कूची से

हिन्दू कोड बिल पर
अपने महान दलित सांसद
बाबा साहेब डा. अम्बेडकर
की स्मृति में

—धर्मवीर

"यह (हिन्दू कोड) बिल 11 अप्रैल, 1947 को सदन में पेश किया गया। चार वर्ष तक बीत जाने के बाद उसकी हत्या कर दी गई, जब इस की चार क्लॉज पारित की गई तो यह मर गया जिस पर किसी ने शोक नहीं मनाया।....

"हिन्दू कोड इस देश की संसद द्वारा उठाया गया समाज सुधार का महानतम कदम था। भारतीय संसद द्वारा अतीत में और भविष्य में भी पारित किए जाने वाले किसी भी कानून की तुलना महत्व के आधार पर इस से नहीं की जा सकती।....इस (हिन्दू कोड बिल) की खातिर मैं बावजूद मतभेदों के (मंत्रिमण्डल में) बना रहा।....लेकिन मुझे अपने प्रति सच्चे रहना है और वह मंत्रिमण्डल से बाहर हो कर ही सम्भव है।"[1]

—डा. बी. आर. अम्बेडकर

1. न्याय चक्र, प्रधान सम्पादक राम विलास पासवान, 12, जनपथ, नई दिल्ली-110001, 15 अप्रैल से 14 मई, 1992, पृ-57-8

भूमिका

बाबा साहेब डा. अम्बेडकर ने अपनी पुस्तक 'द बुद्धा एण्ड हिज धम्मा' में लिखा है कि '....हर ब्राह्मण अपने में एक अकेला व्यक्ति होता है'[1] और 'हर ब्राह्मण अपना कानून आप है।'[2] इस का मतलब है कि ब्राह्मण व्यक्ति किसी कानून को नहीं मानता और कोई व्यवस्था उसे सुधार नहीं सकती।

ब्राह्मणों को खुशी के होलड़े नहीं आ रहे हैं कि वे खुद में सुधार करेंगे और ब्राह्मणों के लिए ऐसी कोई मजबूरी नहीं है कि वे जारसत्ता को छोड़ेंगे। न खुशी, न मजबूरी, फिर सुधार और परिवर्तन किस पेड़ पर लगते हैं? बहरहाल, उन की किसी भी बात को दलितों से जोड़ने की क्या जरूरत है?

ब्राह्मणों ने तीन हजार साल से अपना निजी जीवन ऐसा ही बना रखा है और उन के इसी निजी जीवन से उनका पर्सनल कानून निकलता है। उन्होंने अपने कानून में खुद को अदंडनीय घोषित कर रखा है जो उन की जारसत्ता है। उन के ब्राह्म-विवाह में पति और पत्नी को कोई अधिकार नहीं मिले हैं कि मोरल की रक्षा में वे तलाक ले सकें, सारे अधिकार केवल जार को मिले हैं कि किसी भी हालत में तलाक नहीं लिया जा सकता।

ब्राह्म-विवाह की अटूटता में जारकर्म का सारा रिस्क कवर रहता है। ब्राह्म-विवाह एक इन्श्योरन्स है कि कितना भी व्यभिचार किया जाए, विवाह नहीं टूटेगा और स्त्री के लिए पति नाम के प्राणी से जबरन भरण-पोषण की गारन्टी दी जाती है। लेकिन ऐसे कानून का शतांश भी दलित कौमों पर नहीं थोपा जा सकता। दलित-विवाह में व्यभिचार का अपराध करते ही बीमे की यह पोलिसी स्वतः समाप्त हो जाती है।

---

1. भगवान बुद्ध और उन का धर्म, डा. भीमराव रामजी अम्बेडकर, अनुवादक भदन्त आनन्द कौसल्यायन, भारतीय बौद्ध शिक्षा परिषद, जेतवन महाविहार, श्रावस्ती, बलराम पुर, उत्तर प्रदेश, द्वितीय संस्करण 1970, पृ.-346
2. वही, पृ.-346

मैं यह भी कह रहा हूं कि मैं कभी किसी ब्राह्मण को यह समझाने में सफल नहीं हो सकता कि मैं क्या कह रहा हूं। वह ब्राह्मण चाहे कट्टरपंथी हो या उदारवादी, संन्यासी हो या गृहस्थ, मार्क्सवादी हो या आधुनिकतावादी, आस्तिक हो या नास्तिक, मांसाहारी हो या शाकाहारी, वेदनिन्दक हो या वेदपूजक, काला हो या गोरा, गोड़ हो या सारस्वत, उत्तर भारतीय हो या दक्षिण भारतीय, सगुणवादी हो या निर्गुणवादी, पूंजीपति हो या मजदूर, अमीर हो या गरीब, राजा हो या भिखारी, नेता हो या श्रोता, लेखक हो या पाठक, चोर हो या साहू—मेरी यह बात उस की समझ में कभी नहीं आ सकती कि जारकर्म बुरी चीज है। इसलिए यह नहीं कहा जा रहा है कि ब्राह्मणों के ब्राह्म-विवाह के कानून को मिटाया जाए बल्कि कहा केवल यह जा रहा है कि उसे दलितों पर लागू न किया जाए। वे अपने कानून को अपने पर शौक से लागू करें हमें इस से कोई उज्र नहीं है, हमारी उन से कोई लड़ाई नहीं है।

इस पुस्तक में 'आजीवक सिविल संहिता, 2007' का मसौदा तैयार करके रखा गया है। आवश्यकता है कि दलित समाज इस मसौदे पर अपने साहित्य में खूब बहस करे और एक निश्चित निर्णय पर आए।

—धर्मवीर

9 जनवरी, 2007
तिरुवनन्तपुरम

विषय-सूची

दलित सिविल कानून

अध्याय-1

हम ब्राह्मण नहीं बनेंगे

1.0. मुझे यह बताने का पूरा हक है कि मैं द्विज हिन्दू नहीं हूँ या कि मैं द्विज हिन्दू क्यों नहीं हूँ। मैं यह भी बताना चाहता हूँ कि मुझे आज के हिन्दू कानून पर बोलने की कोई जरूरत नहीं थी यदि यह कानून मुझ पर लागू न किया जाता। मुझे बेहद मजबूरी में इस कानून पर टिप्पणी करनी पड़ रही है।

1.1. मैं द्विज हिन्दू इसलिए नहीं हूँ क्योंकि मेरी दलित कौम का सिविल कानून द्विज समाज के सिविल कानून से मेल नहीं खाता। 'दलित बनाम द्विज' का यह अन्तर भारत में पिछले कई हजार वर्षों से समानान्तर चला आ रहा है।

1.2. मैं मानता हूँ कि आधुनिक हिन्दू कानून में एक अन्तर्द्वन्द्व चल रहा है। यह अन्तर्द्वन्द्व 'दलित विवाह बनाम ब्राह्म विवाह' के कारण है। दलित विवाह एक समझौता और करार होता है जबकि ब्राह्म विवाह एक पवित्र संस्कार होता है। दलित विवाह टूट सकता है जबकि ब्राह्म विवाह अटूट है।

2.0. इस समय हिन्दुओं के पास 'हिन्दू विवाह अधिनियम, 1955' तथा 'कुटुम्ब न्यायालय अधिनियम, 1984' हैं। ये दलितों और द्विजों के साझे कानून हैं। लेकिन इन दोनों अधिनियमों के सिद्धान्त और व्यवहार में द्विजों का ब्राह्म विवाह छा गया है। तलाक की 'दलित रूढ़ि' और 'दलित प्रथा' को पूर्णतया त्याग दिया गया है। ऐसा अधिनियमों में दी गई एक नई लुभावनी शब्दावली 'सुलह', 'परामर्श', 'समझौता', 'सहायता', 'मनाना', 'प्रयत्न' और 'तारीखों का स्थगन' आदि तथा 'विवाह संस्था की सुरक्षा और संरक्षा' तथा 'बालकों के कल्याण' के नाम से किया गया है। यह नई शब्दावली दलित विवाह को ब्राह्म विवाह बनाने का पर्याय है।

2.1. इन दोनों अधिनियमों में न्यायाधीशों को ऐसे काम सौंपे गए हैं जिससे वे न्यायाधीश नहीं रह जाते और बाद में खुद एक पार्टी बन जाते हैं। मसलन, पक्षकारों को सुलह के लिए मनाने का कर्त्तव्य न्यायाधीश को एक पार्टी बना कर छोड़ता है। ऐसे में, वादी के साथ न्याय होना असम्भव हो जाता है। इससे जो परिणाम निकलता है वह दलित विवाह को ब्राह्म विवाह बनाने का होता है।

2.2. परिवार न्यायालय के कई न्यायाधीश आने वाले हर वादी को नासमझ और गैर-जिम्मेदार सिद्ध करते हैं। वे तरह-तरह से वादी को मूर्ख और हीन घोषित करते हैं। यह परिवार न्यायालय के न्यायाधीशों का काम नहीं होना चाहिए था। सुलह और समझौते के नाम पर उन्हें वादी को परेशान करने का अधिकार मिल गया है।

2.3. किसी भी अधिनियम को स्पष्ट होना चाहिए। वादी का यह विश्वास बना रहना चाहिए कि उसे मिलने वाली राहत निश्चित है। यह इसलिए भी क्योंकि अस्पृश्यता, जाति प्रथा और वर्ण व्यवस्था के कारण हिन्दू समाज के कई लोग अपने व्यवहार में दूसरे लोगों के प्रति दुष्ट होते हैं, कुछ लोग स्वभाव से धूर्त होते हैं तथा तीसरे प्रकार के लोग परम्परा के कारण भ्रष्ट होते हैं। उनमें से कुछ ही लोग भले और ईमानदार होते हैं जिनकी पहचान करनी कठिन होती है। ऐसी स्थिति में अधिनियम को अस्पष्ट और रहस्यमय बनाए रखना और भी दुखदायी हो जाता है। न्यायाधीशों को इन अधिनियमों में दिए गए अस्पष्ट और असाधारण शक्ति के विवेकाधिकार नहीं मिलने चाहिए क्योंकि वादी को पता नहीं चलता कि निर्णय के पीछे वास्तव में क्या भावना काम कर रही है। न्याय-व्यवस्था में वस्तुनिष्ठ और बाहरी निगरानी जरूरी है।

2.4. ना-तलाक का हिन्दू कानून भारत के संविधान की उद्देशिका में आई 'व्यक्ति की गरिमा' के खिलाफ पड़ता है। यह उसके अनुच्छेद 19(2) में आए शिष्टाचार या सदाचार के हितों के खिलाफ भी पड़ता है। यह संविधान के अनुच्छेद 21 में दिए गए व्यक्ति के प्राण और दैहिक स्वतन्त्रता के मूल अधिकार को छीनता है। यह कानून उसके अनुच्छेद 51 क (ज) में बताए गए वैज्ञानिक दृष्टिकोण, मानववाद और ज्ञानार्जन तथा सुधार की भावना के विकास करने के विपरीत पड़ता है। यह संविधान के अनुच्छेद 300क में दिए गए व्यक्ति के सम्पत्ति के अधिकार को गलत ढंग से छीनता है।

2.5. तलाक में वर्षों तक की देरी का साफ मतलब निकलता है कि विवाह को ब्राह्म विवाह बनाया जा रहा है। यह घरों को पूरा बिगड़ने देने की कोर्ट की कोशिश होती है। देरी के कारण बच्चों का सबसे ज्यादा नुकसान किया जाता है। कोई अपने लुटे-पिटे घर में कुछ थोड़ा-बहुत सम्भालना चाहता है लेकिन देरी के कारण उसे मौका नहीं दिया जाता। तलाक में देरी सजा है और हिन्दुओं के पौराणिक नरक की सजा है। यह घर का पूरा बिगाड़ है।

2.6. हिन्दू कानून में तलाक को 'विवाह-विच्छेद' कह कर अपूर्ण और आधे-अधूरे मन वाला तलाक बनाया गया है जबकि दलित तलाक पूर्ण तलाक होता है। दलित तलाक में तलाक के बाद पुनर्विवाह होता है और भरण-पोषण की कोई समस्या नहीं उठती। भरण-पोषण केवल बच्चों का होता है और वह भी भरण-पोषण नहीं बल्कि उसमें सम्मानजनक पूरा लालन-पालन होता है।

2.7. द्विज हिन्दुओं को 'डाईवोर्स' और 'तलाक' का पूरा और सही अर्थ समझाने के लिए इसे उनके लिए हिन्दी में 'विवाह-विच्छेद' कहने के बजाय 'विवाह-संस्कार-भंग' कहा जाना चाहिए। पूर्णतया मुक्त होने में तलाकशुदा व्यक्ति से घृणा समाप्त हो जाती है।

2.8. तलाक के बाद स्त्री के लिए भरण-पोषण उसके पुनर्विवाह करने की स्वतंत्रता और इच्छा पर रोक है। यह हिन्दू धर्म में सती प्रथा का आखिरी अवशेष है। दलित समाज का ऐसे भरण-पोषण से कोई ताल्लुक नहीं है।

3.0. एक वादी अपने घर की बातें किसी को बताना नहीं चाहता। वह अपनी घरेलू बातें कोर्ट को भी बताना नहीं चाहता। उसे यह अधिकार मिलना चाहिए कि वह ऐसा कर सके। घर की गोपनीयता केवल इसी स्थिति में बनी रह सकती है कि तलाक प्रतिवादी पर बिना कोई आरोप लगाए प्राप्त किया जाए। लेकिन तलाक का कारण पूछ-पूछ कर हिन्दू कानून हर ऐसे घर का फजीता करता है। वैसे भी तलाक के लिए कारण पूछना और उसे सिद्ध करना 'पुनर्विवाह' के सिद्धान्त के खिलाफ पड़ता है। दोष-सिद्धि का मतलब होता है कि फिर तलाकशुदा व्यक्तियों के पुनर्विवाह नहीं हो सकते। इस प्रकार, हिन्दू कानून अपने आपको विसंगतिपूर्ण बना लेता है।

3.1. हिन्दू विवाह अधिनियम, 1955 की धारा-13 के अंतर्गत दूसरे पक्षकार को दोषी सिद्ध करके तलाक लेने का कानून दोषी सिद्ध हुए व्यक्ति के पुनर्विवाह की संभावनाओं पर रोक लगाता है। ऐसा कानून उसे कहीं का नहीं छोड़ता। ऐसा कानून क्रूर और अमानवीय है। यह नहीं होना चाहिए।

3.2. कोई व्यक्ति जार या क्रूर किसी विशेष व्यक्ति के साथ होता है; कोई व्यक्ति हर किसी के साथ जार या क्रूर नहीं होता। तलाक के द्वारा जोड़े बदलने की अनुमति देने से ये समस्याएं काफी हद तक समाप्त हो जाती हैं।

3.3 द्विज समाज का सिविल कानून बिना तलाक का कानून है। इस के विपरीत, दलित समाज का सिविल कानून तलाक का कानून है। बिना तलाक के कानून का अर्थ यह निकलता है कि वह एक जार और अनैतिक कौम का कानून है जबकि तलाक वाले सिविल कानून का अर्थ यह निकलता है कि वह एक गैर-जार और नैतिक कौम का कानून है।

3.4. जब मैं द्विज समाज के 'ना-तलाक' के सिद्धान्त और व्यवहार को एक जार और अनैतिक कौम का कानून कह रहा हूँ तो मैं मान रहा हूँ कि ऐसा मेरी दलित परिभाषा की तुलना के कारण है। खुद द्विज समाज अपनी परिभाषा में स्वतंत्र है कि वह अपने कानून को गैर-जार और नैतिक कौम का कानून कहे।

3.5. कहा जा सकता है कि मुझे कुछ भी पता नहीं था कि द्विज समाज के क्या चाल-चलन हैं। लेकिन साझा कानून बनने के कारण अब पता चला है कि हिन्दुओं के ब्राह्म विवाह में जारकर्म की मनाही नहीं है बल्कि जारकर्म के आधार पर तलाक लेने की मनाही है।

3.6. द्विज समाज के कानून का मुझ पर यही अर्थ खुला है। इस कानून का कोई दूसरा अर्थ होता है तो उसे द्विज समाज ही जान सकता है। दलित समाज का व्यक्ति

होने के कारण द्विज समाज के कानून का मेरे लिए कोई अन्य अर्थ समझ में नहीं आता। ऐसे ही, द्विज समाज मेरे समाज की अन्दरूनी बातें कभी नहीं जान सकता। जो थोड़ी-बहुत जानकारी उसे होगी, वह मेरे समाज की उन बातों का सम्मान नहीं करेगा। वास्तव में, इन दोनों के निजी कानूनों में कोई संवाद संभव नहीं है। हम एक-दूसरे को नहीं जानते और यदि जानते हैं तो एक-दूसरे का सम्मान नहीं करते। हम संविधान में बताई गई 'सामासिक-संस्कृति' के लोग हैं, किसी एक संस्कृति के लोग नहीं।

4.0. अवश्य ही, दलित समाज और द्विज समाज के कानून अलग-अलग होने चाहिए। ये दोनों पृथक समाज हैं। दलित नेतृत्व इस भुलावे में न रहे कि द्विज नेतृत्व उनकी परम्पराओं के कानून को स्वीकार कर लेगा। यदि उन्हें दलित समाज के कानून को मानने की मजबूरी आ गई तो द्विज समाज उस कानून को ही खत्म कर देगा। फिर, द्विज समाज पारमार्थिक और व्यावहारिक सत्ता का तथा कथनी और करनी का अन्तर बना लेगा, फिर वह पहेलियाँ खड़ी कर लेगा और हिप्पोक्रेट बन जाएगा। इसलिए, दलित नेतृत्व अपने कानून को अपने पर ही लागू करवाए, द्विज समाज पर लागू करवा कर वह उस कानून का फजीता और अपमान न करवाए।

4.1. बाबा साहेब डा. बी. आर. अम्बेडकर को हिन्दू कोड बिल को ले कर जो परेशानी पेश आई थी उस का कारण द्विज समाज था। वे विधि मंत्री के रूप में हिन्दू कोड बिल को द्विजों पर लागू करना चाह रहे थे। बाबा साहेब यदि उस कोड बिल को केवल दलितों पर लागू करवाने के लिए कहते तो उनका कहीं भी विरोध नहीं होता। इसलिए इस बार ध्यान रखा जाना चाहिए कि दलित समाज का नेतृत्व ऐसी भूल फिर न कर जाए।

4.2. समाधान यही है कि एक कौम का कानून दूसरी कौम पर लागू न किया जाए। किसी भी हालत में द्विजों का कानून दलितों पर लागू नहीं किया जाना चाहिए।

4.3. मैं यह भी कहना चाह रहा हूँ कि मेरा दलित समाज कानूनप्रिय समाज है। हम कानून का सम्मान करते हैं। यदि हमें कोई बेचैनी है तो इसमें संसद और न्यायालय को स्वयं सोचना चाहिए कि इतने शान्त और कानूनप्रिय समाज पर यह क्या बुरी बीत रही है।

4.4. सही बात यह है कि हमने अपनी पारिवारिक समस्याओं का तलाक द्वारा एक बहुत अच्छा समाधान निकाल रखा था लेकिन अब द्विज समाज की समस्याएँ हमारी समस्याएँ बनाई जा रही हैं। हम कहना चाह रहे हैं कि हम दो-दो समाजों की समस्याएँ नहीं ढो पाएँगे। साथ ही, समस्याएँ हमारी और समाधान द्विजों के, यह भी हमारे वश में नहीं है।

अध्याय-2

हिन्दू विवाह : एक गैर-कौम का कानून

[1]

1.0. विगत शताब्दी के पहले दशक तक कुछ भी ऐसा नहीं था कि दलित जातियाँ हिन्दू मानी जाएँगी। उस समय की स्थिति के बारे में मार्क गैलेन्टर अपनी पुस्तक 'कम्पीटिंग इक्वेलिटीज' में बताते हैं–"एक समकालीन सूचना देता है कि आज हिन्दू धर्म को जो प्रश्न परेशान कर रहा है वह यह है कि क्या इन (अछूतों) को हिन्दू गिना जाए या न गिना जाए। दस वर्ष पहले इस का जवाब जोरदार शब्दों में 'नहीं' में होता। आज भी देश की रूढ़िवादी भावना उनके बहिष्कार की है। लेकिन शिक्षित हिन्दुओं में विकसित लोगों की अन्तरात्मा इस विषय पर कुछ अधिक संवेदनशील हो गई है। होल्डरनेस की रिपोर्ट के हवाले से लिखा गया है कि 1910 तक उच्च जाति के राजनेता मांग कर रहे थे कि जनगणना में (अछूत) हिन्दू वर्ग से बाहर रखे जाने चाहिए।"[1]

1.1. बाद में राजनैतिक परिस्थितियाँ इस प्रकार की खड़ी हो गईं कि द्विजों को यह कहना पड़ा कि दलित भी हिन्दू हैं लेकिन इन दोनों वर्गों को इकट्ठे करने में इनके सिविल कानूनों को इकट्ठे करने की मांग बीच में आ गई।

1.2. इस क्षेत्र में सबसे पहली बड़ी घटना सन् 1944 में 'हिन्दू लॉ कमेटी' बैठाने की रही थी। यह कार्य ब्रिटिश राज में हुआ था। इस कमेटी के चेयरमैन श्री बी. एन. राव थे। इस समिति ने अपनी रिपोर्ट सन् 1947 में पेश कर दी थी।

1.3. इस रिपोर्ट में दो विभिन्न मत एक साथ सामने आते हैं। रिपोर्ट के पृष्ठ-24 पर लिखा गया है–"रूढ़िवादी गवाहों ने हमारे सामने माना है कि विवाह एक 'आध्यात्मिक संबंध' है जो केवल इसी लोक के लिए नहीं है बल्कि परलोक के लिए भी है और इसीलिए एक स्त्री को यह अनुमति नहीं मिलनी चाहिए कि वह अपने पति से तलाक ले कर पुनर्विवाह कर ले।"[2]

1.4. यह एक पक्ष की बात हुई। लेकिन इस रिपोर्ट के इसी पृष्ठ पर दूसरे पक्ष की

बात भी रखी गई है। रिपोर्ट में लिखा गया है–"लेकिन दूसरी तरफ, विशेषकर निम्न सामाजिक तबकों में अनेक हिन्दू समुदाय हैं जिनमें आज भी एक प्रथा के रूप में तलाक का प्रचलन है।"[3] यही बात बाद में तत्कालीन संचार मंत्री श्री जगजीवन राम ने लोकसभा में दिनांक 4 मई, 1955 को हिन्दू विवाह विधेयक पर बोलते हुए कही थी। उन्होंने कहा था–"हिन्दू समाज के प्रायः 80 प्रतिशत लोग आज भी सिद्धान्त रूप में डाइवोर्स को मानते हैं।"[4]

1.5. इस बहस में सांस्कृतिक प्रश्न भी उभर कर सामने आया था। उस समय के विधि मंत्री श्री पाटेस्कर ने विधेयक के विरोधियों से लोकसभा में 2 मई, 1955 को पूछा था–"क्या यह सच नहीं है कि 80 प्रतिशत हिन्दुओं में, जिनकी हम बात करते हैं और जिन पर हमें फक्र है, प्रथा के रूप में तलाक की अनुमति है? क्या उनका सांस्कृतिक जीवन बाकी 15 या 20 प्रतिशत लोगों से किसी भी रूप में भिन्न है? क्या ये 15 या 20 प्रतिशत लोग अपनी पृथकता को कायम रखना चाहते हैं?"[5]

1.6. यही समस्या, इससे पहले, बाबा साहेब डा. बी. आर. अम्बेडकर के सामने संसद में हिन्दू कोड बिल को पेश करते समय आई थी। परिभाषा तय की जा रही थी कि 'हिन्दू' किसे कहा जाए। इसके लिए डा. अम्बेडकर ने एक 'शेष वर्ग' बनाया था। उन्होंने पार्लियामेंट में 6 फरवरी, 1951 को कहा था–"हर कोई जानता है कि इस देश में ऐसे लोगों की बड़ी संख्या है जिन्हें, उदाहरण के रूप में, आदि द्रविड़, जनजाति के लोग, जंगल की जातियाँ, पिछड़े वर्ग, जीववादी और ऐसे ही अन्य अनेक नामों से जाना जाता है। उन के बारे में क्या कहा जाए? निश्चित रूप से उनके लिए कुछ प्रावधान अवश्य रखने पड़ेंगे।"[6] डा. अम्बेडकर ने कहा था–"उन पर यह हिन्दू कोड तभी प्रभावी होगा जब कि यह सिद्ध हो जाएगा कि उनमें हिन्दू रूढ़ि का तथा हिन्दू प्रथाओं का प्रचलन है अन्यथा वे स्वतंत्र रहेंगे कि वे जो चाहे माने।"[7]

1.7. आखिर, द्विज समाज का पक्ष ढंग से सुना जाए कि वे क्या कहते हैं। यह भी देखा जाए कि उन की दलील के सामने हिन्दू कानून कहाँ तक झुका है। यह जाना जाए कि इस हिन्दू कानून को द्विज जाति के लोग अपने पक्ष में कितनी दूर तक खिंचवा कर ले गए हैं।

1.8. 28 नवम्बर, 1949 को पंडित जवाहरलाल नेहरू ने संसद में यह घोषणा की थी कि वे हिन्दू कोड बिल को अवश्य अमल में लाएँगे। इस के उत्तर में स्वामी करपात्री ने नेहरू जी को एक पत्र लिख कर चेतावनी दी थी कि 'हिन्दू कोड बिल हिन्दू धर्म, हिन्दू संस्कृति और हिन्दू समाज की व्यवस्था के मूल पर कुठाराघात है।'[8]

1.9. 26 अप्रैल, 1955 को हिन्दू विवाह विधेयक पर तत्कालीन विधि मंत्री श्री पाटेस्कर ने लोकसभा में एक भूतपूर्व न्यायाधीश का हवाला देते हुए कहा था कि उन न्यायाधीश ने हिन्दू विवाह को 'एक अटूट रिश्ता कहा है।'[9] ऐसे ही, हिन्दू विवाह विधेयक पर लोकसभा में बोलते हुए श्री वी. जी. देशपांडे ने 2 मई, 1955 को कहा था–"हिन्दू विवाह एक पवित्र संस्कार है।"[10]

1.10. पूछा जा सकता है कि द्विजों द्वारा विवाह को अटूट बताने में खास मकसद क्या है। अटूट विवाह उनकी किस ख्वाहिश को पूरा करता है? संयोग से, श्री नन्दलाल शर्मा ने हिन्दू विवाह विधेयक पर 2 मई, 1955 को लोकसभा में बोलते हुए इसका खुलासा कर दिया था। उन्होंने कहा था–"आज हम सब जानते हैं कि कुमारियों के लिए पति मिलना बहुत कठिन हो गया है। हर एक व्यक्ति अपने-अपने घर में मुँह डाल कर देखे तो उसे पता चलेगा कि वर का ढूँढ़ना आज कितना कठिन हो गया है। अब आप इस बिल को ला कर जीते जी उन स्त्रियों को विधवा बनाने जा रहे हैं। पहिले ही कुमारियों को पति नहीं मिलता, विधवाओं की समस्या आपके सर पर है और अब आप एक और मुसीबत खड़ी कर रहे हैं।"[11]

1.11. वास्तव में, यह एक बड़ी समस्या है जिससे द्विज समाज आज भी डरा हुआ है। श्री नन्दलाल शर्मा ने इसमें एक ही बात हलकी कह दी है कि यह उनके समय की खास समस्या है। सच में, जिन विचारों को ले कर उन का समाज चलता है उन के कारण यह उन की सनातन समस्या है। दूसरी बात श्री नन्दलाल शर्मा छुपा गए हैं क्योंकि जब वे वर के ढूँढ़ने की कठिनाई बताते हैं तो उस में उन की सैकड़ों शर्तें आ खड़ी होती हैं। उन्हें वर के ढूँढ़ने में गोत्र, प्रवर, कुल, वर्ण, स्थान, जाति, सम्पत्ति आदि की अनेक बातें ढूँढ़नी पड़ती हैं। जब द्विज समाज ने अपने ऊपर इतने बंधन डाल रखे हैं तो वर के मिलने में कठिनाई अवश्य होगी। यदि वे मात्र जाति का बंधन ही तोड़ दें तो पता चलेगा कि वर के ढूँढ़ने में उतनी कठिनाई नहीं रह जाती है जितनी अन्यथा उनके सामने पेश आती है।

1.12. तत्कालीन विधि मंत्री श्री पाटेस्कर ने द्विज समाज का निवेदन बड़ी सहानुभूति से सुना था। श्री पाटेस्कर ने लोकसभा में 26 अप्रैल, 1955 को हिन्दू विवाह विधेयक पर बहस का जवाब देते हुए कहा था–"मुझ से निवेदन किया गया है कि कम से कम विवाह के 'ब्राह्म' रूप को बचा लिया जाए और इस प्रकार के प्रावधान रख दिए जाएँ कि विवाह के ब्राह्म रूप में किसी भी हालत में विवाह-विच्छेद न हो सके।"[12]

1.13. इसके जवाब में श्री पाटेस्कर ने कहा था कि 'नए कानून में ब्राह्म विवाह और अन्य सात प्रकार के विवाहों का कोई अन्तर नहीं रखा गया है। कानून में सारे विवाहों को ब्राह्म विवाह माना जा सकता है।'[13] इस बहस में श्री पाटेस्कर ने यह भी कहा था–"जिन्होंने ऐसी मांग रखी है, मैं उनकी भावनाओं के प्रति पूरी-पूरी सहानुभूति रखता हूँ।"[14] उन्होंने आगे वचन दिया था–"जो लोग विवाह को अटूट मान कर चलते हैं मैं उन की राय का आदर करते हुए हर वह काम करूँगा जो किया जा सकता है।" उन्होंने विश्वास दिलाया था कि 'इस विधेयक में उन की भावनाओं को चोट पहुँचाने के लिए कुछ भी नहीं किया जा रहा है।'[15]

1.14. तलाक के हिन्दू कानून में श्री पाटेस्कर के इन कथनों पर बहुत ध्यान देने की जरूरत है। ये कथन हिन्दू तलाक के कानून की अन्तरात्मा हैं। इन में द्विजों से कहा

जा रहा है—"आप क्यों फिक्र करते हो? आपको क्या आफत आ पड़ी है? आप इतना क्यों चिल्लाने लगे हैं? आप एक 'तलाक' शब्द से इतने क्यों भय खा गए हैं? हमने मात्र 'तलाक' का शब्द भर लिया है, उसका अर्थ नहीं लिया है। हम ने इसे व्यवहार में अर्थहीन बना दिया है। हम दूसरे लोगों की संतुष्टि के लिए उन का मात्र एक शब्द ले रहे हैं। इसलिए इस शब्द से डरने की कोई जरूरत नहीं है।" लग रहा है, मानो श्री पाटेस्कर द्विज समाज को समझा रहे हों—"क्या आपके सामने ऐसे शब्द पहले नहीं आए हैं? क्या दर्शनशास्त्र में 'अद्वैत' शब्द ऐसा ही नहीं था? शुरू में आप डर गए थे कि 'अद्वैत' का दर्शन मान लेने पर ब्राह्मण और चाण्डाल को एक मानने की मुश्किल आ पड़ेगी। लेकिन आपके शंकराचार्य ने उस शब्द का कैसा इस्तेमाल करके दिखाया है—पारमार्थिक सत्ता के रूप में विचार करने पर 'अद्वैत' और व्यावहारिक सत्ता के रूप में विचार करने पर 'छुआछूत'—यही हाल इस 'तलाक' शब्द का किया जा रहा है। सिद्धान्त में 'तलाक' को मान लिया गया है लेकिन व्यवहार में 'तलाक' को असम्भव बना दिया गया है।" उधर, तलाक के पक्षधरों की श्री पाटेस्कर ने मानो यह कह कर जबान बन्द कर दी है—"हमने अधिनियम में आपका शब्द 'तलाक' ले तो लिया है और आपको क्या विशेष चाहिए?"

1.15. यहाँ देखा जा सकता है कि यह एक बिल्कुल नई पहेली है। कहा जाए, हिन्दू धर्म की ये पहेलियाँ तभी जन्म लेती हैं जब किसी बाहरी या अन्दरूनी दबाव के कारण द्विजों और गैर-द्विजों को एक साथ लाया जाता है। निश्चित रूप से इस अन्तर्भुक्ति में सबल पक्ष की जीत होती है और सबल पक्ष हमेशा द्विज समाज रहता है।

1.16. ऊपर की व्याख्या समझ में आ सकती है यदि हम 'तलाक' के पक्षधरों की शिकायतें सुनें। लोकसभा में 'कुटुम्ब न्यायालय विधेयक' पर बोलते हुए श्रीमती सुशीला गोपालन 27 अगस्त, 1984 को कहती हैं—"मेरी समझ में नहीं आता कि विवाह की संस्था को बचाने और बच्चों के कल्याण को बढ़ाने से आपका क्या तात्पर्य है। यह एक बहुत ही अस्पष्ट बात है क्योंकि आप केवल सुलह पर ही जोर दिए जा रहे हैं।"[16] वे आगे कहती हैं—"सुलह अच्छी चीज है। इसकी कोशिश जरूर की जानी चाहिए। लेकिन उसी समय, अलगाव की भी आवश्यकता है। वह अवश्य दिया जाना चाहिए। उसके लिए प्रावधान जरूर होना चाहिए।"[17]

1.17. इसी बहस में हिस्सा लेते हुए श्री राजनाथ सोनकर शास्त्री ने एक उदाहरण दे कर अपनी मंशा रखी थी। उन्होंने कहा था—"अभी एक लड़के की किसी भावावेश में आ कर किसी एक लड़की से शादी कर दी। जब शादी के बाद लड़की घर आई तो पाया गया कि लड़की अन्धी है। लड़का एम. एड. और लड़की अन्धी। अब एक पर्टिकुलर कास्ट के लोग इकट्ठे हुए, महीनों तक पंचायत चलती रही और वहां जो निर्णय हुआ उसे किसी एक पक्ष ने नहीं माना। फिर मामला अदालत में गया और आठ वर्ष के बाद वहां से यह निर्णय हुआ कि वह लड़का उस औरत को नहीं रखेगा। अगर ऐसी समस्याओं का

समाधान हमारे कुटुम्ब न्यायालय द्वारा पहले ही कर दिया जाए तो ऐसी समस्याएं खत्म हो जाएंगी।''[18]

1.18. प्रो. निर्मला कुमार शक्तावत की गुहार भी ध्यान देने योग्य है। उन्होंने इस बहस में शरीक हो कर कहा था—''यदि पारिवारिक और वैवाहिक परिस्थितियों में न्याय की आवश्यकता होती है तो न्याय की लम्बे समय तक प्रतीक्षा ठीक नहीं होती। उससे मानव जीवन की संध्याकाल आ जाती है और मामले नहीं निपट पाते हैं।''[19] कुटुम्ब न्यायालय विधेयक पर बोलते हुए उन्होंने कहा था—''आपने इसमें कोई सीमा नहीं बांधी, किसी प्रकार का टाईम आपने फिक्स नहीं किया है कि मामला कितने दिन में सुलझ जाएगा। अगर ये कोर्ट भी लम्बा समय 10, 12 साल का लेंगी तो फिर सामान्य कोर्ट और फैमिली कोर्ट में क्या रहेगा?'' प्रो. शक्तावत ने जोर दे कर कहा था—''इस बिल में समय की सीमा निश्चित करनी चाहिए कि अपील को निपटाने का समय छः महीने से अधिक नहीं होगा। इसी तरह किसी मामले का निर्णय दो वर्ष के अन्दर हो जाना चाहिए अगर ऐसा नहीं होगा तो न्याय का इंतजार करते-करते व्यक्ति के जीवन का संध्याकाल आ जाएगा और उनके जीवन का स्वर्णिम काल कोर्ट के दरवाजे खटखटाते हुए बीत जाएगा।''[20]

1.19. इस बहस में श्रीमती जयन्ती पटनायक ने एक अन्य सुझाव दिया था। उन्होंने कहा था कि इस विधेयक में 'अपील के बारे में प्रावधान है। लेकिन मैं कहना चाहती हूँ कि हमें हाई कोर्ट और सुप्रीम कोर्ट में अपील नहीं रखनी चाहिए लेकिन कुटुम्ब न्यायालयों में से ही एक अपील कोर्ट में रखनी चाहिए ताकि फैसले तेजी से किए जा सकें।''[21] उन्होंने कहा था—''क्योंकि जैसा कि हम जानते हैं हाई कोर्ट और सुप्रीम कोर्ट पर पहले ही काम का ज्यादा भार है और उनमें वर्षों से केस पेंडिंग पड़े हुए हैं। इसलिए हाई कोर्ट में की गई यह अपील फैसले के लिए बहुत लम्बा समय लेगी।''[22]

1.20. श्री जी. एम. बनातवाला ने इस कुटुम्ब न्यायालय विधेयक के खण्ड-10 में अपना संशोधन संख्या-6 का एक उपखण्ड जोड़ते हुए रखा था। संशोधन इस प्रकार था—''कुटुम्ब न्यायालय के सामने प्रत्येक वाद और कार्यवाही जल्दी से जल्दी निपटाए जाएँगे और ऐसी कोशिश की जाएगी कि वाद या कार्यवाही के आरम्भ होने की दिनांक से एक वर्ष तक के समय में निर्णीत कर लिए जाएंगे।''[23]

1.21. यह संशोधन नहीं माना गया था, फलतः गिर गया था। तत्कालीन विधि मंत्री श्री जगन्नाथ कौशल ने लोकसभा की इस बहस में जवाब दिया था—''हम इस प्रकार के न्यायालय की शुरूआत पहली बार कर रहे हैं। यह एक प्रयोगात्मक उपाय है।.....यह आरम्भ भर है। यह आरम्भ किसी न किसी दिन होना ही है।.....इसे शुरू होने दें और देखें कि क्या इससे विवाद हल हो सकते हैं।''[24]

1.22. पूछा जा सकता है कि क्या इन कथनों में तत्कालीन मंत्री महोदय को सच में पता नहीं था कि इस विधेयक में समय सीमा न रखने का क्या परिणाम निकलेगा। क्या यह सच में माना जा सकता है कि चार-पांच हजार वर्ष पुरानी संस्कृति का दावा

करने वाला द्विज समाज कुटुम्ब न्यायालय के रूप में अभी मात्र प्रयोग कर रहा है? ऐसा हरगिज नहीं था क्योंकि यह सोच-समझ पूरी तरह द्विज समाज के हक में गई थी। असल में, यह विधेयक गैर-द्विज समाज के कानूनी दबाव को समाप्त करने के लिए लाया गया था। गैर-द्विज समाज का वह कानूनी दबाव क्या था?

1.23. भारत के विधि आयोग ने अपनी 71वीं रिपोर्ट 7 अप्रैल, 1978 को पेश कर दी थी। यह रिपोर्ट खास हिन्दू विवाह अधिनियम, 1955 पर थी और इसका विषय था—''विवाह का असमाधेय भंग तलाक का एक आधार।' इसके चेयरमैन श्री एच. आर. खन्ना थे।

1.24. विधि आयोग ने विवाह का उद्देश्य साफ शब्दों में बताया था। उन्होंने लिखा था—''विवाह का सार जीवन में साथ-साथ शरीक होने का है। यह शरीक होना जीवन द्वारा प्रदान की जाने वाली सारी खुशियों और जीवन में सामने आने वाले तमाम कष्टों में शरीक होना है। सुखभोग में सुख भोगने का अनुभव, जीवन से संबंधित सभी अच्छी-बुरी चीजें और अपने नन्हें-मुन्नों पर प्रेम और अनुराग की बौछार करना इसमें आते हैं। साथ-साथ रहने में जीवन के सभी पहलुओं में शरीक होने का यह प्रतीक काम आता है। अलग-अलग रहने में इन सब संबंधों का अभाव और विरोध हो जाता है। यह विवाह की मूल भावना के विघटन की सूचना देता है। यह विवाह का भंग होना है। और यदि ऐसा काफी देर तक चलता रहता है तो यह विवाह की मूल भावना के नाश की सूचना देता है, तब यह 'असमाधेय भंग' कहा जाएगा।''[25]

1.25. विधि आयोग ने लिखा था—''विवाह घर में जीवन भर का सह-जीवन है। जब सह-जीवन की संभावनाएं समाप्त हो जाती हैं तो उन दोनों के बीच में विवाह का कानूनी बंधन भी समाप्त कर दिया जाना चाहिए।''[26] उन्होंने इसका लौकिक तर्क दिया था—''मनुष्य का जीवन बहुत छोटा है और इसमें कष्टदायी स्थितियां अनिश्चित समय तक नहीं बनी रहनी चाहिए।''[27]

1.26. विधि आयोग ने दिल्ली हाई कोर्ट की पूर्ण पीठ के एक मुकदमे 'रामकली बनाम गोपाल दास (1971) आई. एल. आर. आई, दिल्ली, 10 (एफ. बी.)' का हवाला दिया था। दिल्ली हाई कोर्ट के निर्णय के महत्वपूर्ण शब्द इस प्रकार थे—''यह व्यावहारिक और सही दृष्टिकोण नहीं है, उल्टे यह अयुक्तियुक्त और अमानवीय दृष्टिकोण है कि जबकि पक्षकारों में झगड़ा चरम अवस्था पर पहुँच गया हो और उनके पति-पत्नी के रूप में रहने की सारी सम्भावनाएं समाप्त हो चुकी हों तब उन्हें विवाह के मुखौटे को बनाए रखने के लिए मजबूर किया जाए।''[28]

1.27. पंडित जवाहरलाल नेहरू ने भी हिन्दू विवाह विधेयक पर लोकसभा में 5 मई, 1955 को बोलते हुए कहा था—''मानव संबंध यदि अच्छे संबंध हैं तो बहुत अच्छी बात है। यदि ऐसा नहीं है तो फिर वे बहुत खराब संबंध होते हैं। फिर वे भयानक होते हैं। यदि वे एक-दूसरे से एकमेक नहीं हो पाते, यदि वे संबंधों को ढोने के लिए मजबूर किए जाते हैं तो वैसी स्थिति में वे एक-दूसरे से घृणा करने लगते हैं और उनका जीवन

कटु और दुखदायी हो जाता है। उनके अस्तित्व के सारे आधार कटु हो जाते हैं। निश्चय ही ऐसा (विवाह संस्कार) पवित्र नहीं है।''[29]

1.28. विधि आयोग ने हिन्दू विवाह अधिनियम में एक संशोधन रखा था। उन्होंने उस संशोधन का कारण बताते हुए लिखा था–''हमारे द्वारा बताए गए विवाह के असमाधेय भंग के आधार पर तलाक के लिए लाया गया पिटीशन कोर्ट को यह जानने की जरूरत नहीं रखेगा कि उनमें से कौन-सा पक्षकार दोषी है। उसमें यही सिद्ध करना पर्याप्त रहेगा कि पति और पत्नी के संबंध एक ऐसी टूट पर पहुंच चुके हैं कि उनमें सुलह की कोई गुंजाइश बाकी नहीं है। इसमें उग्र भावनाओं और वैवाहिक जीवन की दूसरी घटनाओं के लिए, जिनमें से कई घटनाओं को पक्षकार खोलना भी नहीं चाहा करते, साक्ष्य जुटाने की आवश्यकता भी नहीं रह जाएगी।''[30]

1.29. यही द्विज समाज पर कानूनी दबाव बना था क्योंकि विधि आयोग की इस सिफारिश के आधार पर लोकसभा में सन् 1981 में एक 'विवाह कानून (संशोधन) बिल' पेश हो चुका था। उसी के दबाव में और उसे दफनाने के लिए तब द्विजों ने संसद द्वारा 'कुटुम्ब न्यायालय अधिनियम, 1984' पास करवाया था।

1.30. यहां बताया जा सकता है कि द्विज समाज के प्राचीन कानून में तलाक का नियम नहीं रहा है जबकि दलित समाज के प्राचीन कानून में तलाक का नियम रहा है। इस विषय पर डा. पी. वी. काणे के शब्द उनकी पुस्तक 'धर्मशास्त्र का इतिहास, प्रथम भाग' से उद्धृत किए जा सकते हैं। डा. काणे द्विज समाज के विवाह के बारे में लिखते हैं–''वैदिक साहित्य में कुछ ऐसी उक्तियां हैं, जिन्हें हम विधवा-पुनर्विवाह के अर्थ में ले सकते हैं। 'पुनर्भू' शब्द से पर्याप्त प्रकाश मिलता है। किन्तु विवाह-विच्छेद या तलाक के विषय में वहाँ कुछ भी प्राप्य नहीं है और पश्चात्कालीन वैदिक साहित्य में भी हमें कुछ विशेष प्रकाश नहीं मिल पाता। धर्मशास्त्रकारों का सिद्धान्त है कि होम एवं सप्तपदी के उपरान्त विवाह का विच्छेद नहीं हो सकता। मनु (9/101) ने लिखा है–'पति-पत्नी की पारस्परिक निष्ठा आमरण चलती जाए, यही पति एवं पत्नी का परम धर्म है।' मनु ने एक स्थान (9/46) पर और कहा है–''न तो विक्रय से और न भाग जाने से पत्नी का पति से छुटकारा हो सकता है, हम समझते हैं यह नियम पुरातन काल में सृष्टिकर्ता ने बनाया है।'' धर्मशास्त्रकारों का कथन है कि विवाह एक संस्कार है, पत्नित्व की स्थिति का उद्‌भव उसी संस्कार से होता है, यदि पति या पत्नी पतित हो जाएं, तो संस्कार की परिसमाप्ति नहीं हो जाती, यदि पत्नी व्यभिचारिणी हो जाए तो भी वह पत्नी है, और प्रायश्चित कर लेने के उपरान्त उसे विवाह का संस्कार पुनः नहीं करना पड़ता (विश्वरूप, याज्ञवल्क्य 3/253-254 पर)। हमने देख लिया है कि पुरुष एक पत्नी के रहते दूसरा या कई विवाह कर सकता है और कुछ स्थितियों में अपनी स्त्री को छोड़ सकता है। किन्तु यह विवाह-विच्छेद या तलाक नहीं है, यहाँ अब भी विवाह का बन्धन अपने स्थान पर दृढ़ ही है। हमने यह देख लिया है कि नारद, पराशर एवं अन्य धर्मशास्त्रकारों की

अनुमति से एक स्त्री कुछ स्थितियों में यथा पति के मृत हो जाने, गुम हो जाने आदि से, पुनर्विवाह कर सकती थी, किन्तु निबन्धों एवं टीकाकारों ने इसे पूर्व युग की बात कह कर टाल दिया है। अतः विवाह-विच्छेद की बात धर्मशास्त्रों एवं हिन्दू समाज में लगभग दो सहस्र वर्षों से अनसुनी-सी रही है, हाँ, परम्परा के अनुसार यह बात नीची जातियों में प्रचलित रही है। यदि पति उसे उसकी त्रुटियों के कारण छोड़ दे तो भी पत्नी भरण-पोषण की अधिकारी मानी जाती रही है। अतः इस प्रकार का त्याग विवाह-विच्छेद का द्योतक नहीं रहा है। पश्चात्कालीन स्मृतियों एवं निबन्धों में नारद को छोड़ कर कोई यह बात सोच ही नहीं सकता था कि पत्नी अपने पति का त्याग कर सकती है। नारद ने अवश्य कहा है कि नपुंसक, संन्यासी एवं जातिच्युत पति को पत्नी छोड़ सकती है। याज्ञवल्क्य (1/77) की टीका में मिताक्षरा का कहना है कि जब पति पतित (जातिच्युत) हो पत्नी उसके नियंत्रण से बाहर रहती है किन्तु उसे तब तक जोहते रहना चाहिए जब तक कि वह प्रायश्चित द्वारा पुनः उसके नियंत्रण में चली जाती है। बड़े से बड़ा पाप प्रायश्चित से कट जाता है, अतः पत्नी अपने पति को सदा के लिए नहीं छोड़ सकती (मनु. 10/89, 12, 101, 105-196)। केवल त्याग या वर्षों तक बाहर रहने या व्यभिचार से हिन्दू विवाह की इतिश्री नहीं हो जाती। कौटिल्य के अर्थशास्त्र (3/3) में............. अंगीकृत रूप में (धर्म्य) विवाह का विच्छेद नहीं होता। कौटिल्य (3/2) ने लिखा है कि विवाह के ब्राह्म, प्राजापत्य, आर्ष एवं दैव नामक चार प्रकार धर्म्य हैं क्योंकि ये पिता के प्रमाण द्वारा स्वीकृत अथवा किये जाते हैं। अतः इन चारों प्रकार के विवाहों का विच्छेद कौटिल्य के मत से, संभव नहीं है।''[31]

1.31. बाबा साहेब डा. अम्बेडकर ने 1951 में नेहरू मंत्रिमंडल में विधि मंत्री के पद से त्याग-पत्र देते समय एक बयान जारी किया था। उस महत्वपूर्ण बयान का मुख्य अंश उन्हीं के शब्दों में इस प्रकार है :

> ''अब मैं उस मामले का जिक्र करूँगा जिसने आखिरकार मुझे त्याग-पत्र के फैसले पर पहुँचाया। यह है हिन्दू कोड के साथ किया गया व्यवहार। यह बिल 11 अप्रैल, 1947 को सदन में पेश किया गया। चार वर्ष जीने के बाद उसकी हत्या कर दी गई, जब इसकी चार क्लॉज पारित की गई तो यह मर गया जिस पर किसी ने शोक नहीं मनाया। पूरे एक वर्ष तक सरकार ने इसे सेलेक्ट कमेटी को सौंपने की जरूरत महसूस नहीं की.... जो सेलेक्ट कमेटी को 9 अप्रैल, 1948 को सौंपा गया। 12 अगस्त, 1948 को मैंने इस कमेटी की रिपोर्ट पर विचार का प्रस्ताव उठाया लेकिन 1949 के फरवरी सत्र तक इस प्रस्ताव पर बहस की अनुमति नहीं दी गई.......।
>
> ''इस बिल के संबंध में मुझे बड़ी मानसिक यातना से गुजारा गया। मुझे पार्टी मशीनरी की सहायता नहीं लेने दी गई। यह कहा गया है कि विपक्ष के मजबूत होने के कारण बिल छोड़ देना पड़ा।

"इतने विस्तार से सफाई देने के लिए मुझे विवश कर दिया क्योंकि कुछ लोगों ने संकेत किए कि मैं अपनी बीमारी के कारण जा रहा हूँ। मैं ऐसे तमाम संकेतों का खण्डन करता हूँ। बीमारी के कारण कर्त्तव्य-त्याग करने वाला मैं आखिरी प्राणी हूँगा।

"हिन्दू कोड इस देश की संसद द्वारा उठाया गया समाज सुधार का महानतम कदम था। भारतीय संसद द्वारा अतीत में और भविष्य में भी पारित किये जाने वाले किसी भी कानून की तुलना महत्व के आधार पर इससे नहीं की जा सकती। वर्गों और लिंग की असमानता, जो कि हिन्दू समाज की आत्मा है, को अनछुआ छोड़कर आर्थिक समस्याओं पर कानून पारित करना हमारे संविधान का मजाक उड़ाना है और गोबर के ढेर पर महल बनाना है। इसकी खातिर (हिन्दू कोड बिल की) मैं बावजूद मतभेदों के (मंत्रिमंडल में) बना रहा।

"28 नवम्बर, 1949 को प्रधानमंत्री ने निम्न आश्वासन दिया। उन्होंने कहा सरकार इस (हिन्दू कोड) के लिए प्रतिबद्ध है वह इसका अध्ययन कर रही है।

"19 दिसम्बर, 1949 को प्रधानमंत्री ने पुनः कहा, "मैं नहीं चाहता कि सदन तनिक भी ऐसा सोचे कि हिन्दू कोड बिल का महत्व नहीं है। क्योंकि हम इसे बहुत महत्व देते हैं, इसकी किसी विशेष क्लॉज या अन्य कारण से नहीं, बल्कि आर्थिक, सामाजिक समस्या के प्रति इसके मूल दृष्टिकोण के कारण। हमने इस देश में राजनीतिक आजादी हासिल कर ली है। यह सफर का एक पड़ाव है और दूसरे पड़ाव हैं आर्थिक, सामाजिक और यदि समाज को विकास करना है तो तमाम मोर्चों पर एक साथ आगे बढ़ना होगा।

"26 सितम्बर, 1951 को प्रधानमंत्री ने कहा, "मेरे द्वारा सदन को यह आश्वासन देने की जरूरत नहीं है कि इस कदम को आगे बढ़ाना जहाँ तक सम्भावनाएँ हैं, सरकार की इच्छा है और जहाँ तक हमारा ताल्लुक है हम अन्य अवसर आने तक इस मामले को स्थगित समझते हैं। मुझे आशा है अगला अवसर भी इसी संसद में आयेगा।

"प्रधानमंत्री द्वारा बिल को छोड़ देने की घोषणा से पहले कौन भला उनके वक्तव्यों पर विश्वास न करता? यदि मैंने ऐसा नहीं सोचा कि प्रधानमंत्री के वायदों और करनी में फर्क हो सकता है तो गलती निश्चित रूप से मेरी नहीं है। मंत्रिमंडल से मेरे जाने का मामला इस देश में संभवतः किसी के लिए भी अधिक चिन्ता का विषय न हो। लेकिन मुझे अपने प्रति सच्चे रहना है और वह मंत्रिमंडल से बाहर हो कर ही संभव है।"[32]

2.0 तलाक का सिद्धान्त इसी बात पर निर्भर करता है कि विवाह को क्या माना जाता है। द्विज हिन्दू लोग विवाह को पवित्र संस्कार मानते हैं जबकि दलित लोग इसे करार मानते हैं। इस सम्बन्ध में बाबा साहेब डा. अम्बेडकर ने 20 सितम्बर, 1951 को भारत की संसद में स्पष्ट रूप से बता दिया था कि दलित लोग विवाह को करार मानते हैं जबकि द्विज इसे पवित्र संस्कार मानते हैं। आगे वह संवाद ज्यों का त्यों दिया जा रहा है।

2.1 "डॉ. अम्बेडकर :

मेरे आदर्श संविधान से निकले हुए हैं जिसे हम निर्धारित कर चुके हैं। संविधान की उद्देशिका में स्वतन्त्रता, समता और भ्रातृत्व की बात रखी गई है। इसलिए हम देश की प्रत्येक सामाजिक संस्था को इस रूप में जाँचने के लिए बाध्य हैं कि क्या वह संविधान में लिखे गए सिद्धांतों पर खरी उतरती है। अब, जहाँ तक आप के पवित्र संस्कार वाले विवाह का प्रश्न है, मुझे क्षमा करें, मैं इसे इस तरह मानता हूँ कि यदि कोई व्यक्ति इस संस्था की निष्पक्ष, ईमानदार और उदार मन से जाँच करता है तो वह इस निष्कर्ष पर नहीं पहुँच सकेगा कि हमारा पवित्र संस्कार वाला विवाह स्वतंत्रता या समानता के आदर्श की प्राप्ति कराता है। पवित्र संस्कार वाले विवाह का क्या आदर्श है? वास्तव में, पवित्र संस्कार वाले विवाह को यदि थोड़े शब्दों में बताया जाए तो यह पुरुष के लिए बहुविवाह की तथा स्त्री के लिए लगातार दासता की प्रथा है।

एक माननीय सदस्यः

विचित्र वर्णन है।

डॉ. अम्बेडकरः

ऐसा इसलिए है क्योंकि किसी भी दशा में एक स्त्री अपने पति से स्वतंत्र नहीं हो सकती चाहे वह पति कितना भी बुरा या अवांछनीय व्यक्ति हो। मैं सदन के सामने एक प्रश्न रखना चाहता हूँ—क्या हम दासता के पक्ष में हैं या स्वतंत्र श्रम के पक्ष में हैं? अब, सभी आर्थिक मामलों में हम इस बात पर जोर देते आ रहे हैं कि स्वतंत्र श्रम होना चाहिए और हम दास प्रथा को सहन नहीं करेंगे।

एक माननीय सदस्य :

क्या यह दासता है?

डॉ. अम्बेडकर :

अब, दास प्रथा और स्वतंत्र श्रम में क्या फर्क है? मेरा मानना है कि यदि आप इस पहलू की ध्यानपूर्वक जाँच करेंगे तो आपका निष्कर्ष

यह होगा कि स्वतंत्र श्रम का मतलब है कि जब आवश्यकता पड़े तो उसमें करार को तोड़ने की योग्यता और क्षमता होनी चाहिए।

श्री आर. के. चौधरी (आसाम) :

तो क्या यह एक करार है?

डॉ. अम्बेडकर :

जी हाँ, मैं उसी पर आ रहा हूँ।

इसलिए यदि स्त्री को पवित्र संस्कार वाली मान्यता के विवाह में अपनी स्वतंत्रता प्राप्त करनी है तो आप जैसे चाहे परिभाषित करें, उसकी स्वतंत्रता की प्राप्ति के लिए जैसे कि मैंने कहा है, मैं किसी भी ऐसे प्रस्ताव पर विचार करने के लिए तैयार हूँ जो किसी भी सदन के किसी भी सदस्य द्वारा प्रस्तुत किया गया हो और जो इस विधेयक में बताई गई तलाक की शर्तों को सीमित करता हो। लेकिन यदि आप स्वतन्त्रता देनी चाहते हैं तो आप उस स्वतन्त्रता की मनाही नहीं कर सकते क्योंकि इसे आपने अपने संविधान में लिखा है और इस संविधान की बहुत प्रशंसा की है जो इस संस्था को, जैसी कि यह है, स्वतन्त्रता और समानता की गारन्टी देता है। यही कारण है कि हम इस विधेयक को ले कर आगे बढ़ रहे हैं और इस के सिवा इसके दूसरे कोई कारण नहीं हैं कि हम दूसरे लोगों की नकल करना चाहते हैं या कि हम अपने पुराने आदर्शों की तरफ जा रहे हैं, जो मेरे निर्णय में बेहद पुराने हैं तथा किसी भी व्यक्ति के लिए व्यवहार में निभाने में एकदम असम्भव है।''[33]

2.2. लेकिन द्विज हिन्दू 'हिन्दू विवाह अधिनियम, 1955' में हिन्दू विवाह को पवित्र संस्कार वाला ही बना कर रहे। यदि इस बारे में किसी को कोई सन्देह है तो वह पी. शिवशंकर के उन शब्दों को पढ़ सकता है जो उन्होंने 18 फरवरी, 1981 को संसद में 'विवाह कानून (संशोधन) विधेयक, 1981' पेश करते हुए उसके 'स्टेटमेन्ट ऑफ आब्जेक्ट्स एण्ड रीजन्स' में लिखे थे। उन्होंने विधेयक के उद्देश्यों और कारणों को बताते हुए स्पष्ट लिखा था–''2. हिन्दू विवाह अधिनियम में विवाह के असमाधेय भंग को तलाक का आधार बनाने का तर्क 'विशेष विवाह अधिनियम, 1954' के लिए और भी जोरदार हो जाता है क्योंकि वह अधिनियम इस आधार को ले कर चलता है कि विवाह मूल रूप से करार प्रकृति का है।''[34]

2.3. विधि मंत्री श्री पी. शिवशंकर के इस कथन से यह साफ जाहिर होता है कि 'विशेष विवाह अधिनियम, 1954' करार प्रवृत्ति का विवाह है लेकिन 'हिन्दू विवाह अधिनियम, 1955' करार प्रवृत्ति का न हो कर पवित्र संस्कार वाला है।

2.4. आगे बताया जा सकता है कि द्विज हिन्दुओं ने हिन्दू विवाह में कितनी छूट लेनी चाही थी जो उन्होंने वास्तव में प्राप्त कर रखी है।

2.5. द्विज हिन्दू बाबा साहेब डॉ. अम्बेडकर से, जब उन्होंने संसद में हिन्दू कोड बिल पेश किया था, यह चाह रहे थे कि उन्हें यह विकल्प मिलना चाहिए कि वे चाहे तो इस से शासित हों और चाहे तो इससे शासित न हों। बाबा साहेब ने इस के लिए स्पष्ट मना कर दिया था। लेकिन अब द्विज हिन्दुओं ने हिन्दू कानून में अपने ये विकल्प ले लिए हैं। 'हिन्दू विवाह अधिनियम, 1955' की धारा-13 में हिन्दू पति और हिन्दू पत्नी के पास यह विकल्प सुरक्षित है कि चाहे तो तलाक के सारे कारण मौजूद होने पर भी वह कोर्ट में तलाक की अर्जी न डाले। इतना ही नहीं, यदि वह कोर्ट में तलाक की अर्जी डाल भी देता है तो 'हिन्दू विवाह अधिनियम, 1955' और विशेष रूप से 'कुटुम्ब न्यायालय अधिनियम, 1984' उसे कायल करने में लगे रहते हैं कि तलाक की अर्जी डाल कर उसने बहुत गलत काम किया है और समझदारी दिखाते हुए उसे वह अर्जी वापिस ले लेनी चाहिए। यदि पहला पक्षकार तब भी नहीं मानता है तो सारे अधिकार दूसरे पक्षकार को दे दिए गए हैं कि वह तलाक के लिए मनाही करता रहे। ऐसे समय कोर्ट देरी करके उसकी पूरी मदद करती है। यदि दूसरा पक्षकार ज्यादा कमजोर सिद्ध होता है तो कोर्ट आर्थिक कठिनाइयों और बच्चों की परवरिश आदि के तलाक के मुद्दे से बाहर की बातों पर ध्यान रख कर तलाक नहीं देती। कहने का मतलब यह है कि दूसरा पक्षकार और उसकी मदद करते हुए कोर्ट, दोनों मिल कर, पहले पक्षकार के पीछे पड़ जाते हैं। पहला पक्षकार नमाज बख्शवाने आता है और रोजे भी उसके गले पड़ जाते हैं और इस बीच उस का फजीता फालतू हो जाता है।

2.6. द्विज समाज ने 'भारतीय दंड संहिता, 1860' की धारा-494 में भी यह विकल्प अपने पास ले रखा है। 'भारतीय दंड संहिता, 1860' की धारा-494 हिन्दू विवाह को बहुपत्नी विवाह में तब्दील कर देती है क्योंकि यह हिन्दू पत्नी को यह विकल्प देती है कि चाहे तो वह अपने पति के द्विविवाह के खिलाफ मुकदमा दायर न करे। चूँकि, हिन्दू पत्नी अपने पति के द्विविवाह के खिलाफ मुकदमा दायर नहीं कर सकती, इसलिए, बाबा साहेब डॉ. अम्बेडकर द्वारा बताई गई द्विजों में यह बहुपत्नी की प्रथा ज्यों-की-त्यों प्रचलन में रहती है।

2.7. यहाँ यह भी बताया जा सकता है कि द्विज हिन्दुओं ने 18 फरवरी, 1981 को लोकसभा में 'विवाह कानून (संशोधन) विधेयक, 1981' पेश करते समय उसी विधेयक में इस बात की पूरी गारन्टी ले ली थी कि उसके आधार पर भी कोई तलाक न हो सके। इन्होंने विवाह के असमाधेय भंग को तलाक का आधार बनाते समय उस की कारगरता नष्ट कर दी थी। एक बार नई धारा 13 सी (1) रखने के बाद अगली सारी 13 सी (2), 13 सी (3), 13 सी (4) तथा 13 सी (5) धाराएँ उसके विरोध में खड़ी कर दी थीं। नई धाराएँ 13 डी (1) तथा 13 डी (2) इस रूप में रख दी थीं कि पत्नी

तलाक का विरोध इस आधार पर कर सकेगी कि इससे उसके लिए आर्थिक मुसीबतें पैदा हो जाएँगी। एक नई धारा 13 ई इस आधार की डाल दी गई थी कि यदि बच्चों पर असर पड़ता है तो यह तलाक नहीं दिया जाएगा। कुल मिला कर निष्कर्प यह निकलता था कि विवाह के असमाधेय भंग को तलाक का आधार बना कर भी तलाक न हो जाए। यह इस सिद्धांत को फेल करने वाली बात थी। लेकिन द्विज हिन्दुओं ने इतना भी नहीं होने दिया और विधेयक को दफन कर दिया। असल में, उस विधेयक में कुछ भी कारगरता नहीं थी। वह मात्र डराव था।

2.8. पंडित जवाहर लाल नेहरू ने लोक सभा में 6 दिसम्बर, 1956 को डॉ. अम्बेडकर के निधन पर बोलते हुए हिन्दू कानूनों को ले कर कहा था—"हिन्दू कानून में सुधार उस ऐतिहासिक तथा यादगारी ढंग के साथ तो नहीं हो सके जिस तरह डॉ. अम्बेडकर ने हिन्दू कानूनों के मसौदे तैयार किए थे, फिर भी मुझे खुशी है कि डॉ. अम्बेडकर अपने जीवन में हिन्दू कानूनों में कुछ सुधार होते देख सके।"[35]

2.9. डॉ. अम्बेडकर क्या चाहते थे और क्या नहीं हो सका, यह पुनः पंडित जवाहर लाल नेहरू के शब्दों में जाना जा सकता है जो उन्होंने 'हिन्दू विवाह विधेयक, 1955' पर बोलते समय लोक सभा में 5 मई, 1955 को कहे थे। उन्होंने समापन दिवस पर कहा था—"जिस किसी ने यह विधेयक पढ़ा है वह समझ सकता है कि इसमें तलाक आदि की जो शर्तें रखी गई हैं वे आसान नहीं हैं। वे काफी कठिन शर्तें हैं। किसी के लिए यह कहना कि इससे पूरे भारत में तलाक के लिए लाइसेन्स मिल जाएगा, एक काल्पनिक सोच है। वास्तव में, ऐसा कहने का कोई भी आधार नहीं है।"[36]

2.10. इतने से काम के लिए न्यायमूर्ति आर. एम. सहाय ने **श्रीमती सरला मुद्गल** वाले केस में निर्णय देते हुए पंडित नेहरू को एक महान स्तर का राजनेता मान लिया है। उन्होंने निर्णय में लिखा है कि पंडित नेहरू ने रूढ़िगत हिन्दू कानून में क्रान्ति ला दी थी जबकि सच यह है कि 'हिन्दू विवाह अधिनियम, 1955' के माध्यम से जो थोड़ा-बहुत परिवर्तन हुआ था उसे 'कुटुम्ब न्यायालय अधिनियम, 1984' ने पुनः अनकिया कर दिया है। वास्तव में, डॉ. अम्बेडकर हिन्दू कानून में क्या परिवर्तन चाहते थे उस का पता मालवीय जी के इन शब्दों से चलता है जो उन्होंने डॉ. अम्बेडकर का विरोध करते हुए लोक सभा में दिनांक 20 सितम्बर, 1951 को कहे थे :

"आप फिर उसकी कोशिश करो जो बुद्ध भी नहीं कर सके थे।"[37]

3.0. कुसुम द्वारा सम्पादित पुस्तक 'वीमेन : मार्च टुवर्डस डिगनिटी—सोशियो-लीगल पर्सपेक्टिवज' में बी. शिवरमैया का एक लेख—"इर्रिट्रीवेबल ब्रेकडाउन आफ मैरिज एज ए ग्राउंड फार डाइवोर्स—गेटवे टु लिब्रेशन आर आप्रेसन?"—छपा है। इस विषय पर 28 जनवरी, 1989 के सेमिनार का जिक्र करते हुए लेखक ने लिखा है—"दिल्ली विश्वविद्यालय में समाजशास्त्र विभाग के प्रोफेसर ए. एम. शाह ने बताया है कि तलाक और पुनर्विवाह

निम्न जातियों में आम चीज रहे हैं। चूँकि उच्च जातियाँ हिन्दुओं की कुल जनसंख्या का एक बहुत छोटा-सा हिस्सा है, इसलिए हिन्दू विवाह अधिनियम में तलाक का कानून समाज के एक बहुत छोटे से हिस्से के लिए लागू होता है और इसमें भी अभी तक यह धारणा प्रचलित है कि विवाह अटूट होता है। उन्होंने कहा है कि इसका भी एक और छोटा सा हिस्सा जो उदाहरण के रूप में शहरी और पश्चिमी सभ्यता से प्रभावित या आधुनिक कहे जाने वाले लोग हैं, वे ही तलाक के कानून को ढीला करने की मांग उठा रहे हैं तथा प्रस्तावित संशोधन इन्हीं थोड़े से लोगों की सहायता करेगा।''[38]

3.1. यहाँ दलित दृष्टि से देखा जा सकता है कि प्रो. ए. एम. शाह का पक्ष गलत है लेकिन उन्होंने समस्या को बिल्कुल ठीक-ठीक रख दिया है। उन्होंने यह सही कहा है कि निचली जातियों में तलाक और पुनर्विवाह प्रचलन में हैं। यही बात सच है कि दलित समाज में तलाक का मतलब पुनर्विवाह से है। यदि पुनर्विवाह नहीं है तो वह तलाक, तलाक नहीं है। पुनर्विवाह तलाकशुदा व्यक्ति की सुरक्षा है। यह उस का नए जीवन में मन लगना है। यदि तलाक के बाद पुनर्विवाह नहीं है तो उसमें तलाकशुदा व्यक्ति के जीवन को और उसके सम्मान को लगातार खतरा रहता है। कुसुम ने अपनी पुस्तक 'हैरेस्ड हस्बैन्डस' में अपने प्रस्तावित 'विवाहित पुरुषों के अधिकारों और गरिमा का संरक्षण विधेयक, 1993' में ठीक लिखा है :

> '' 'विवाहित पुरुष' वह पुरुष है जो विधि के तहत विवाहित है तथा इसमें
> (ii) वह पुरुष जिस का विवाह तलाक की डिक्री या बातिलीकरण के द्वारा समाप्त कर दिया गया है,
>
> सम्मिलित होगा।''[39]

3.2. प्रोफेसर ए. एम. शाह ने दूसरी बात भी सही कही है कि उच्च जातियों के लोगों की संख्या हिंदुओं की जनसंख्या का एक छोटा सा भाग है और तलाक का यह कानून समाज के एक छोटे से हिस्से को ही लागू होता है।

3.3. प्रोफेसर ए. एम. शाह ने तीसरी बात और भी सच कह दी है कि हिन्दुओं के इस छोटे से भाग में अब तक भी यही मान्यता चली आ रही है कि विवाह अटूट है। आगे प्रोफेसर शाह ने यह भी लिखा है कि इस छोटे से भाग में से भी केवल शहरी, पश्चिमी सभ्यता से प्रभावित और आधुनिक लोग ही मांग कर रहे हैं कि तलाक के कानून को उदार बनाना चाहिए और इन थोड़े से लोगों को ही इस का लाभ पहुँचेगा। इसलिए प्रोफेसर शाह का विचार है कि तलाक को असमाधेय भंग के आधार पर उदार न बनाया जाए।

3.4. देखा जा सकता है कि यहाँ प्रोफेसर शाह ने अपने संख्याबहुल द्विजों की परम्परा के लिए विवाह के असमाधेय भंग को तलाक का आधार नहीं बनने दिया है। लेकिन उन्होंने उन निचली जातियों की चिन्ता करनी एकदम छोड़ दी है जो हिन्दुओं की जनसंख्या का 80 प्रतिशत हैं और जिनमें तलाक और पुनर्विवाह के प्रचलन रहे हैं। उन्हीं

की चिन्ता करके यहाँ कहा जा रहा है कि दलितों के और द्विजों के तलाक के कानून अलग-अलग होने चाहिए।

3.5. बी. शिवरमैया के इस लेख पर कुसुम ने अपनी सम्पादकीय टिप्पणी में लिखा है कि 'हिन्दू विवाह अधिनियम, 1955' में 1976 में किए गए संशोधन के अनुसार पारस्परिक सम्मति से तलाक लेने का प्रावधान सही है 'लेकिन यह भी कोई संतोषजनक प्रावधान नहीं है क्योंकि यह वैसी स्थिति में कारगर नहीं रह जाता है जहाँ विवाह पूरी तरह से टूटा हुआ है लेकिन उनमें से कोई एक पक्ष तलाक नहीं चाहता। परिणाम यह निकलता है कि न तो पक्षकारों में तलाक हो पाता है और न ही वे एक-दूसरे के साथ रहते हैं। वे केवल कानून में एक साथ रहते हुए दिखाए जाते हैं।'[40]

3.6. कुसुम ने अपनी सम्पादकीय टिप्पणी में आगे लिखा है–''एक जबरन थोंपा हुआ सम्बन्ध तथा तलाक का न मिलना अन्य दूसरी खराब बातों को जन्म देने वाली बात सिद्ध हो जाती है जिन में जारकर्म, विवाहेतर सम्बन्ध, बच्चों में अपराध भावना तथा सामाजिक असन्तुलन के दूसरे रूप शामिल रहते हैं।''[41]

3.7. अपनी इस सम्पादकीय टिप्पणी में कुसुम ने माइकेल जे. कैलिंग के शब्द उद्‌धृत किए हैं जो इस प्रकार हैं–''यह लोक हित में है कि आम लोगों में नैतिकता को एक संस्था के रूप में बचाए रखने के लिए उन विवाहों को तोड़ दिया जाए जो फेल हो गए हैं। जहाँ तक लोक सदाचार का प्रश्न है, अपराधी प्रवृत्ति के पति या पत्नी को माफ करते रहने की पुरानी नीति ठीक नहीं है।''[42]

3.8. कुसुम के प्रस्तावित बिल में नौ धाराएं हैं। यह एक अच्छा प्रस्ताव है लेकिन इसकी आवश्यकता क्यों पड़ती है? वास्तव में, यह प्रस्ताव नारी के पक्ष में बनाए गए कानूनों का जवाब है ताकि नारी उनका दुरुपयोग न कर सके। सच बात यह है कि द्विज समाज अपनी औरतों को पुनर्विवाह न करने देने के लिए हर बात पर आमादा हो गया है। 'भारतीय दंड संहिता, 1860' में धारा-498क का जुड़ना यही दर्शाता है कि औरत का पुनर्विवाह हर्गिज नहीं होने देना है। दलित समाज में धारा-498क की समस्या बनने पर कोई औरत अपने ऐसे क्रूर पति के साथ रहेगी ही क्यों, उल्टे, दलित औरत ऐसे पति को दस बार लात मारेगी। सच बात यह है कि वह उस ससुराल में नहीं रहेगी और दूसरी जगह बैठ जाएगी जहाँ उसे सम्मान मिलेगा।

3.9. आखिर, द्विज समाज से पूछा जाए कि यह ठीक है कि आपने धारा-498क जोड़ कर यह सुनिश्चित कर लिया है कि अब उस पत्नी के साथ पति या पति के रिश्तेदार क्रूरता नहीं बरतेंगे लेकिन जीवन की अगली आवश्यकताओं–प्रेम और सहयोग का क्या होगा? दंड संहिता में इसकी कल्पना नहीं की गई है कि उस पत्नी के बच्चे भी पैदा होने हैं और बिना पति के संसर्ग के वे कैसे होंगे? असल में, धारा-498क भी इस रूढ़ि का उल्टा परिणाम है कि द्विज समाज में विवाह पवित्र संस्कार है और अटूट है अन्यथा क्रूरता की भनक मिलने पर वह विवाह टूट जाना चाहिए। आखिर, द्विज समाज

ने विवाह को क्या समझ लिया है कि अपनी बेटी को ऐसे घर में यातनारत रहने के लिए छोड़ देते हैं जिस घर में उसकी कोई पूछ नहीं है और उस का सम्मान नहीं है? ये धारा-498क बना कर इतने से सन्तुष्ट हो गए हैं कि अब उसे कोई जान से नहीं मार सकेगा। इसका मतलब यह है कि विवाह में जरूर सिर पर बालों की संख्या के बराबर के झूठ बोले गए हैं और तलाक को जबरन विवाह कहा जा रहा है। दलित दृष्टि से 'भारतीय दंड संहिता, 1860' की धारा-498क के अधीन भारत के न्यायालयों में जितने मुकदमे चल रहे हैं उनमें सबसे पहले तलाक दिया जाना चाहिए और बाकी बातें बाद में तय की जानी चाहिए। जब बेटी के साथ उसके पति द्वारा क्रूरता बरती जा रही है तो पिता द्वारा अपनी बेटी उस घर में एक दिन भी नहीं छोड़नी चाहिए, यह दलित दृष्टि है।

3.10. वास्तव में, द्विज समाज की सामाजिक समस्याओं का कोई अंत नहीं है। सती प्रथा को रोकने के लिए और विधवा विवाह को शुरू करने के लिए इन्हें कानून बनाने पड़ते हैं। ये कभी बाल विवाह पर रोक का कानून बनाते हैं तो कभी दहेज विरोधी कानून बनाते हैं। कभी पत्नियों पर क्रूरता रोकने के लिए भारतीय दंड संहिता में धारा-498क जोड़ते हैं तो कभी पत्नियों को भरण-पोषण देने का कानून बनाते हैं। असल में, ये आधुनिक युग के दबाव से चपरे-चपरे फिरते हैं। ये सारे कानून केवल इसलिए बन रहे हैं कि इन्होंने आज भी विवाह को पवित्र संस्कार वाला और अटूट मान रखा है। इन्होंने स्त्रियों के तलाक और उनके पुनर्विवाह पर आज भी रोक लगा रखी है। जिस दिन इस समाज में तलाक और पुनर्विवाह का चलन शुरू हो जाएगा, उस दिन सती प्रथा, विधवा विवाह, बाल विवाह, दहेज विरोधी, पत्नी पर क्रूरता और भरण-पोषण के सारे कानून अपने आप रफू-चक्कर हो जाएँगे। फिर, इनमें से किसी भी कानून की आवश्यकता नहीं रह जाएगी। लेकिन द्विज समाज में स्त्री के तलाक और पुनर्विवाह का प्रचलन कभी नहीं होगा, इसलिए दलित समाज को साझा कानून बना कर इन के साथ क्यों घसीटा जा रहा है? ये दोनों वर्ग ऐसे दो बैल हैं जिनमें से एक उत्तर की तरफ जा रहा है और दूसरा दक्षिण दिशा की ओर जा रहा है और दोनों को एक जुए के नीचे जोड़ दिया गया है।

[2]

4.0. हिन्दू विवाह अधिनियम, 1955 की धारा-7(1) इस प्रकार है—"हिन्दू विवाह उसमें के पक्षकारों में से किसी के रूढ़िगत आचारों और संस्कारों के अनुरूप अनुष्ठित किया जा सकेगा।"[43]

4.1. इसमें कुटुम्ब न्यायालय के न्यायाधीश दलित विवाह को भी ऐसा मान कर चलते हैं कि मानो वह ब्राह्मणों का ब्राह्म विवाह है जो अटूट और पवित्र संस्कार वाला होता है जबकि दलित विवाह एक करार होता है और करार भंग हो जाने पर टूट जाता है।

4.2. हिन्दू विवाह अधिनियम, 1955 की धारा-3 (क) में लिखा गया है—" 'रूढ़ि' और 'प्रथा'—पदों से ऐसा कोई नियम अभिप्रेत है जिसे कि लम्बे समय के लिए लगातार और एकरूपता से अनुपालित किए जाने के कारण किसी स्थानीय क्षेत्र, आदिम जाति, समुदाय, समूह या परिवार के हिन्दुओं में विधि का बल अभिप्राप्त हो गया है।"[44]

4.3. लेकिन इसमें कुटुम्ब न्यायालय के न्यायाधीश दलित समाज की 'रुढ़ि' और 'प्रथा' का अर्थ ऐसा लेते हैं मानो यह द्विजों की 'रूढ़ि' और 'प्रथा' की बात है। जबकि 'दलित रूढ़ि' और 'दलित प्रथा' में तलाक की व्यवस्था है, ये इसका ऐसा अर्थ लगाते हैं कि यह 'ना-तलाक' की 'द्विज रूढ़ि' और 'द्विज प्रथा' है। साथ ही, दलित तलाक का यह नियम निश्चित है, युक्तियुक्त है तथा लोकनीति के विरुद्ध नहीं है।

4.4. आगे देखा जाए कि कुटुम्ब न्यायालय अधिनियम, 1984 की धारा-4 (4) (क) में लिखा गया है—"न्यायाधीशों के रूप में नियुक्ति के लिए व्यक्तियों का चयन करते समय—(क) यह सुनिश्चित करने का यथासाध्य प्रयास किया जाएगा कि उन व्यक्तियों का ही चयन किया जाए जो विवाह-संस्था की सुरक्षा और संरक्षा करने और उसे बनाए रखने के लिए....प्रतिबद्ध हैं।"[45]

4.5. कुटुम्ब न्यायालय के न्यायाधीश इसमें ऐसा आचरण करते हैं कि मानो उन्हें विवाह को ब्राह्म विवाह और अटूट बनाए रखना है। वे तलाक की 'दलित रूढ़ि' और 'दलित प्रथा' को सम्मान की दृष्टि से नहीं देखते बल्कि हेय दृष्टि से देखते हैं।

4.6. दलित तलाक व्यवस्था के समाज को निम्न लाभ हैं :

1. वैवाहिक मामलों को ले कर हत्या और आत्महत्या नहीं होती;
2. पति और पत्नी द्वारा जारकर्म नहीं होता और न ही संन्यास धारण करने की जरूरत पड़ती है; और,

3. समाज को स्वस्थ बच्चे दिए जाते हैं।

4.7. 'दलित विवाह बनाम ब्राह्म विवाह' में दलित तलाक पूर्ण तलाक होता है। यह द्विजों के तलाक की तरह का आधा-अधूरा नहीं होता जिसमें तलाकशुदा पत्नी को भरण-पोषण का लम्बा लोभ दिखा कर उसे पुनर्विवाह करके सम्मान से नहीं जीने दिया जाता तथा अपनी यौन आवश्यकताओं की पूर्ति के लिए किसी की रखैल बन कर रहने को मजबूर किया जाता है। ब्राह्म विवाह औरत को झूठी पत्नी और पूरी रखैल बना कर रखता है। यह व्यभिचार को फैलाता है।

4.8. बच्चों का कल्याण इसमें है कि निर्णय में देरी समाप्त की जाए। नारियों का भला इसमें है कि उन्हें तलाक दे कर पुनः सम्मानित पत्नी बनने का मौका दिया जाए। तलाक न दे कर और उन्हें भरण-पोषण का लालच दे कर उन के साथ ज्यादती न की जाए नहीं तो तब वे लोभी हो कर जारकर्म के रूप में रखैल बनने का रास्ता अखत्यार कर लेती हैं।

5.0. कुटुम्ब न्यायालय अधिनियम, 1984 का एक अन्य पहलू भी है। इस की धारा-4 (4) (क) में लिखा गया है :

"न्यायाधीशों के रूप में नियुक्ति के लिए व्यक्तियों का चयन करते समय–

(क) यह सुनिश्चित करने का यथासाध्य प्रयास किया जाएगा कि उन व्यक्तियों का ही चयन किया जाए जो विवाह संस्था की सुरक्षा और संरक्षा करने और उसे बनाए रखने के लिए तथा बालकों के कल्याण की अभिवृत्ति के लिए प्रतिबद्ध हैं।"[46]

5.1. धारा-4 (4) (क) में आए हुए शब्दों–'विवाह-संस्था की सुरक्षा और संरक्षा करने और उसे बनाए रखने के लिए'–का अर्थ यह लिया जाता है कि यह हिन्दू विवाह अधिनियम, 1955 की धारा-15 के तहत पुनर्विवाह का विरोधी है। वास्तव में, इस कानून में तलाक और पुनर्विवाह को विवाह-संस्था का विरोधी माना जाता है जबकि सच यह है कि द्विजों के ब्राह्म विवाह में अनुमत जारकर्मी और संन्यासी लोग विवाह-संस्था के विरोधी हैं।

5.2. कुटुम्ब न्यायालय अधिनियम, 1984 की धारा-4 (4) (क) में 'बालकों का कल्याण'–की बात भी तलाक के विरुद्ध मानी जाती है। धारा-4 (4) (क) में आए हुए शब्दों–'बालकों के कल्याण की अभिवृत्ति के लिए'–का अर्थ यह लिया जाता है कि यह हिन्दू विवाह अधिनियम, 1955 की धारा-13 के तहत तलाक का विरोधी है।

5.3. कुटुम्ब न्यायालय अधिनियम, 1984 की धारा-4 (4) (क) में लिखा गया है :

"न्यायाधीशों के रूप में नियुक्ति के लिए व्यक्तियों का चयन करते समय :

(क) यह सुनिश्चित करने का यथासाध्य प्रयास किया जाएगा कि उन

व्यक्तियों का ही चयन किया जाए जो....सुलह और परामर्श द्वारा विवादों का निपटारा कराने के अपने अनुभव और विशेषज्ञता के कारण अर्हित हों।"[47]

5.4. इस सुलह और परामर्श का मतलब व्यक्ति के साथ क्रूरता करना या उसकी मजाक फोड़ना हो जाता है। इस सुलह और परामर्श का मतलब यह धमकी भी हो जाता है कि यदि सुलह का परामर्श नहीं माना गया तो उसके खिलाफ निर्णय दिया जाएगा। धारा-4 (4) (क) में आए हुए शब्दों–'जो सुलह और परामर्श द्वारा विवादों का निपटारा कराने के अपने अनुभव और विशेषज्ञता के कारण अर्हित हों'–का अर्थ यही निकलता है कि सुलह के परामर्श को न मानने में वादी को उचित अनुतोष न देने की धमकी दी जाती है तथा यह सुलह का परामर्श बल, कपट या किसी अन्य गलत बात में तब्दील हो जाता है।

5.5. कुटुम्ब न्यायालय अधिनियम, 1984 की धारा-9 (1) में आए हुए शब्दों–'किसी समझौते तक पहुँचने के लिए पक्षकारों की सहायता की जाए या उन्हें मनाया जाए'–का अर्थ यह लिया जाता है कि पक्षकारों को कायल या जलील किया जाए और एक इसी काम के जिम्मे बैठा जाए।

5.6. कुटुम्ब न्यायालय अधिनियम, 1984 की धारा-9 (2) द्वारा प्रदत्त कार्यवाहियों को स्थगित करने की कुटुम्ब न्यायालय की शक्ति का प्रयोग इस रूप में किया जाता है कि व्यक्ति के प्रति क्रूरता बरती जाती है और उसकी मजाक फोड़ी जाती है और उसके साथ षड्यंत्र रचा जाता है। ऐसे कुटुम्ब न्यायालय का माहौल व्यक्ति के लिए घुटन भरा हो जाता है।

6.0. कुटुम्ब न्यायालय अधिनियम, 1984 में जज को अधिनियम की सीमाओं के बाहर के काम दिए गए हैं जिन्हें कहीं विशेष रूप से सूची के रूप में उल्लिखित करके परिभाषित नहीं किया गया है, मसलन, यह काम जज का नहीं होना चाहिए कि वह पक्षकारों को समझाता फिरे या उन्हें सुलह के लिए मनाए। यह काम रिश्तेदारों, पड़ोसियों और मित्रों का होता है।

6.1. जजों को परिवारों को समझाने का काम दे कर द्विज लोग सरकारी पैसे से अपने ब्राह्म विवाह को, जो पवित्र संस्कार वाला और अटूट माना गया है, अपने लिए थाम रहे हैं और अन्य दलित जातियों पर इसे थोप रहे हैं। यह काम उन्हें अपने पैसे के बल पर गैर-सरकारी बाहरी संस्थाओं द्वारा करवाना चाहिए।

6.2. कुटुम्ब न्यायालय अधिनियम, 1984 में 'सुलह' शब्द आया है लेकिन न्यायाधीश इसे एक चिढ़ाऊ शब्द बना देते हैं। 'सुलह' शब्द को वे ऐसा अर्थ वाला बना लेते हैं कि वे इस का जब चाहे और जैसा चाहे मनोनुकूल प्रयोग कर सकते हैं।

6.3. शब्द–'सुलह' और 'समझौता' विवाह को द्विजों का ब्राह्म विवाह बनाने के

पर्याय बन कर रह गए हैं। लेकिन तलाक दलित का अधिकार है। यह उसकी रूढ़ि और प्रथा में है। यह उसकी परम्पराओं की चीज है। उस पर ब्राह्म विवाह न थोपा जाए।

6.4. किसी भी हालत में एक कौम का कानून दूसरी कौम पर लागू नहीं किया जाना चाहिए। यदि ऐसा किया जाएगा तो वे कठिनाइयां पेश आएंगी जो शाहबानो के केस में आई थीं।

6.5. शाहबानो का केस इस बात का उदाहरण था कि एक कौम का कानून दूसरी कौम पर लागू किया जा रहा था। ज्यादा भरण-पोषण तलाक के बाद अगले निकाह के खिलाफ पड़ता है जो मुसलमानों में अच्छा नहीं समझा जाता। वहाँ तलाक के बाद पुनर्विवाह पर रोक नहीं है। वहाँ सती प्रथा को बन्द करवाने और विधवा के पुनर्विवाह का चलन कायम करने के लिए कानून नहीं बनवाए जाते।

6.6. भरण-पोषण समाप्त किया जाए तो ज्यादा से ज्यादा स्त्रियाँ पुनर्विवाह करेंगी जो द्विजों के व्यवहार में अनुमत नहीं है। वे स्त्री को रखैल बनाने के पक्षधर हैं, सम्मानजनक पत्नी बनाने के नहीं।

6.7. ऐसे ही द्विजों के ब्राह्म विवाह का सिद्धान्त हिन्दू विवाह अधिनियम, 1955 और कुटुम्ब न्यायालय अधिनियम, 1984 के नामों से दलितों पर भी लागू किया जा रहा है। शब्द 'सुलह', 'समझौता', 'सहायता', 'मनाना' और तारीखों का 'स्थगन'—ब्राह्म विवाह के पर्याय बन गए हैं।

6.8. किसी के घर में कुछ भी बुरा हो गया है लेकिन न्यायाधीश व्यक्ति से यही प्रश्न पूछते हैं—'तो क्या हो गया?' यही ब्राह्म विवाह और द्विज संस्कार हैं जिनमें न्यायाधीश विश्वास रखते हैं। एक व्यक्ति न्यायाधीश के इस—'क्या हो गया?'—के प्रश्न से परेशान हो कर रह जाता है। यही द्विजों का 'ना-तलाक' का सिद्धान्त है। जब ब्राह्म विवाह में तलाक की व्यवस्था नहीं है तो घर में कुछ भी होने दिया जाता है।

7.0. कोई भी कानून बनाने में यह ध्यान रखा जाना चाहिए कि वादी का यह विश्वास बना रहे कि मिलने वाली राहत निश्चित है।

7.1. यदि न्याय प्रक्रिया में कुछ रहस्य हैं, जो वादी की समझ से बाहर हैं, तो वह बुरा कानून कहा जाएगा।

7.2. किसी जज को ऐसा विवेकाधिकार नहीं मिलना चाहिए जिसका वादी को पता न हो। कानून एकदम स्पष्ट और विशेष होना चाहिए। 'हिन्दू विवाह अधिनियम, 1955' और 'कुटुम्ब न्यायालय अधिनियम, 1984' इस दृष्टि से बुरे और फेल कानून सिद्ध होते हैं।

7.3. जजों को स्वविवेक का असीमित अधिकार देने में न्याय व्यवस्था में भ्रष्टाचार का रास्ता भी खुलता है। इसे जहाँ तक हो सके, कानून को स्पष्ट और विशेष बना कर समाप्त किया जाना चाहिए क्योंकि विवेकाधिकार निरंकुश हो जाता है।

7.4. दलित न्यायशास्त्र में जज लौकिक जज होते हैं। उनमें दिव्य और दैवी नाम की कोई विशेष चीज नहीं होती। वे भी भ्रष्ट हो सकते हैं। इसलिए कोई भी कानून ऐसा न बनाया जाए जिसमें जजों को दिव्य और दैवी माना जाता है और न ही यह मान कर कि वे भ्रष्ट नहीं होते, उन्हें कोई असीमित अधिकार दिए जाएँ। न्याय-व्यवस्था पर भी वस्तुनिष्ठ और बाहरी निगरानी जरूरी है।

7.5. कोर्ट की कार्यवाहियों को बन्द कमरे में करने का कोई औचित्य नहीं रह जाता यदि विवाह के असमाधेय भंग को तलाक का आधार बनाया जाता है। उधर, तलाक का कारण जानने और उसका साक्ष्य लेने में कुछ भी गोपनीय नहीं रह जाता। यह व्यर्थ की लीपापोती है।

7.6. कुटुम्ब न्यायालय के अधिनियम में वादी को यह भरोसा नहीं है कि प्रतिवादी को दोषी सिद्ध करके भी वह न्याय पा लेगा। वह सब कुछ सिद्ध कर देगा लेकिन जज ऐसी बातों को ध्यान में रख कर निर्णय दे सकता है जो इस अधिनियम की सीमा से बाहर हैं और जिन्हें कहीं परिभाषित नहीं किया गया है, मसलन, वह बच्चों की परवरिश का रहस्यात्मक बहाना ले सकता है। इसलिए, वह अधिनियम एक बुरा अधिनियम है जिसके कारण बुरे निर्णय आ सकते हैं।

7.7. जब भी कोई अधिनियम बनता है उसमें वादी को एक हक मिलता है। यदि वादी को अधिनियम में कोई अधिकार नहीं दिया जाता तो वह एक 'बुरा और निरंकुश अधिनियम' है।

7.8. अधिनियम पर सबका हक होता है। हक के मामले में जज और वादी दोनों एक हैं। वादी अधिनियम में विश्वास करके चलता है कि वह उससे एक निश्चित राहत पाएगा।

7.9. कानून की दृष्टि से जज और वादी में कोई अन्तर नहीं होता। हिन्दू विवाह अधिनियम, 1955 ने वादी को एक अधिकार दिया है कि कुछ निश्चित बातें सिद्ध करने पर उसे तलाक प्राप्त हो जाएगा लेकिन यदि उसी अधिनियम की या किसी अन्य अधिनियम की कोई बात उसके तलाक प्राप्त करने के इस अधिकार को काट और छीन लेती है तो यह कोई हक और अधिनियम नहीं हुआ—यह उस कानून में विसंगति कही जाएगी।

7.10. वादी से ऊपर और अलग जज के हाथ में ऐसे अधिकार क्यों दिए गए हैं कि प्रतिवादी को दोषी सिद्ध करने पर भी वादी को तलाक नहीं मिलेगा बल्कि न्यायिक पृथक्करण मिलेगा या वह भी नहीं मिलेगा?

7.11. हिन्दू विवाह अधिनियम, 1955 की धारा-13 (क) में लिखा गया है :

> "13 क. **विवाह-विच्छेद की कार्यवाहियों में वैकल्पिक अनुतोष**—इस अधिनियम के अधीन किसी कार्यवाही में विवाह-विच्छेद की डिक्री द्वारा विवाह के विघटन के लिए अर्जी पर उस दशा

> को छोड़ कर जिसमें अर्जी धारा-13 की उपधारा (1) खण्ड (ii), (vi) और (vii) में वर्णित आधार पर है, यदि न्यायालय मामले की परिस्थितियों को ध्यान में रखते हुए यह न्यायसंगत समझता है, तो वह विवाह-विच्छेद की डिक्री के बजाय न्यायिक पृथक्करण के लिए डिक्री पारित कर सकेगा।''[48]

7.12. ऊपर यह 'मामले की परिस्थितियाँ' क्या हैं जिन्हें वादी नहीं समझता? वादी ने तलाक के लिए अर्जी दी थी, इसके लिए उसे जो सिद्ध करना था उस ने न्यायालय में वह सिद्ध कर दिया है, जज ने भी उसके आरोप को सही माना है, इस के बाद भी उसे तलाक के बजाय न्यायिक पृथक्करण क्यों मिल रहा है? यह वादी की दृष्टि में और जज की दृष्टि में फर्क क्यों है? यह वादी के सिर से ऊपर जाने वाली बात जज के दिमाग में क्या है? यह जबरन वानप्रस्थ कैसा?

7.13. बच्चों के कल्याण की बात को ले कर जज द्वारा अधिनियम को बुरा अधिनियम बनाने का अवसर मिलता है। कानून में यह रहस्य और फिर उस की गोपनीयता क्या है? वास्तव में, यह हर तरह से दलित विवाह को ब्राह्म विवाह बनाने की चाल है। यह द्विज परम्परा का दलित परम्परा पर आक्रमण है।

7.14. तलाक अलग है और बच्चों का कल्याण अलग है। हिन्दू विवाह अधिनियम, 1955 में दोनों के लिए अलग-अलग धाराएँ हैं, फिर उन्हें आपस में गड्ड-मड्ड क्यों किया जाता है? वे एक दूसरे से प्रभावित या कटती क्यों हैं?

7.15. कुटुम्ब न्यायालय अधिनियम, 1984 की धारा-9 में लिखा गया है :

> **''समझौता कराने के लिए प्रयत्न करने का न्यायालय का कर्त्तव्य–**
>
> (1) जहाँ मामले की प्रकृति और परिस्थितियों के अनुसार ऐसा करना संभव है वहाँ प्रत्येक वाद या कार्यवाही में कुटुम्ब न्यायालय सर्वप्रथम यह प्रयास करेगा कि वाद या कार्यवाही की विषय-वस्तु के संदर्भ में किसी समझौते तक पहुँचने के लिए पक्षकारों की सहायता की जाए या उन्हें मनाया जाए........।''[49]

7.16. ऊपर 'मामले की प्रकृति और परिस्थितियाँ' क्या हैं जिन्हें न्यायाधीश ही जानता है और वादी नहीं जानता?

7.17. इससे भी बढ़ कर इस धारा में यह 'पक्षकारों की सहायता की जाए या उन्हें मनाया जाए'–क्या है?

7.18. साफ सी बात है, सहायता और मनाने में हमेशा एक धमकी की गुंजाइश रहा करती है। यदि सहायता करने और मनाने वाले के पास निर्णय देने का अधिकार भी है तो उस की यह धमकी पूर्ण भी होती है।

7.19. मनोविज्ञान यही है कि कोई भी आदमी जो दूसरे को मनाने में लगा है यदि उस की बात नहीं मानी जाती तो वह तत्काल धमकी दे बैठता है। गाँव की पंचायत का

एक साधारण आदमी भी ऐसा करता है। फिर, इधर कुटुम्ब न्यायालय के सारे अधिकार प्राप्त न्यायाधीश बैठे हैं। वे वादी को मना रहे हैं, वादी उन की बात नहीं मान रहा है, उन्हें गुस्सा आएगा क्योंकि वादी ने उन की बात नहीं मानी है, तब वे अपने मन में एक बात रख लेंगे कि इस के तलाक मांगने में आग लगा दूँगा। उन के पास अधिकारिता और शक्ति है, वे उन का दुरुपयोग जरूर करेंगे। इस के लिए वे जमा किए गए डोक्यूमेंन्टों को नहीं पढ़ेंगे या उन्हें गलत ढंग से पढ़ेंगे, बच्चों को गवाही देने पर घुड़केंगे और गवाही को लिखित रूप में देने के बजाय 'समरी ट्रायल' बना देंगे। वादी उनके निर्णय के खिलाफ अपील में भी चला गया तो इससे क्या होता है? वादी के 5-6 वर्ष अपीलों में बर्बाद हो जाएँगे। इसलिए कहा जा रहा है कि अधिनियम में जज को ऐसे कोई कर्त्तव्य नहीं सौंपे जाने चाहिए जिन के अनुपालन में असफल होने पर वह वादी पर गुस्सा कर पड़े और उसे सबक सिखाने में लग जाए। असल में, यह पूरा मनोविज्ञान विवाह को ब्राह्म विवाह बनाने वाला सिद्ध होता है। ऐसी स्थिति में जज महोदय खुद एक पार्टी बन जाते हैं। उन के मन में होता है—'या तो मेरी बात मानो नहीं तो मैं आपको देख लूँगा।'

7.20. इस दृष्टि से देखने पर कुटुम्ब न्यायालय अधिनियम, 1984 और हिन्दू विवाह अधिनियम, 1955 एकदम विसंगतिपूर्ण बन कर रह जाते हैं।

7.21. समझने की बात यह है कि तलाक होने में भी बच्चों का कल्याण जुड़ा होता है।

8.0. सुलह और समझौते के बारे में एक दृष्टान्त को लिया जा सकता है। 'दैनिक जागरण', मेरठ के दिनांक 25 अप्रैल, 1995 के समाचार-पत्र में एक खबर छपी है। यह खबर इस प्रकार है :

बेवफा पत्नी ने सोते हुए पति को मिट्टी का तेल छिड़क कर आग में झुलसा कर मार डाला।

8.1. पूरी खबर इस प्रकार है :

> ''पत्नी को जला कर मारने की घटनाएँ तो आम बात हो गई हैं लेकिन अगर पत्नी अपने पति को जला कर मार डाले तो बात अचंभे वाली ही कही जाएगी। कंकरखेड़ा थानान्तर्गत अनूपनगर फाजलपुर में आपसी कलह के कारण एक विवाहिता ने अपने सोते हुए पति पर मिट्टी का तेल डाल कर आग लगा दी, जिसकी बाद में मृत्यु हो गई। पुलिस ने महिला को गिरफ्तार कर लिया है। मजिस्ट्रेट को दिए गए मृत्यु पूर्व बयान में युवक ने अपनी पत्नी पर बदचलनी का आरोप लगाया था।''

> ''घटना आज दोपहर डेढ़ बजे की है। अनूपनगर फाजलपुर में तेइस वर्षीय तेजपाल पुत्र यादराम जाटव का परिवार रहता है। तेजपाल अपने पिता का

इकलौता बेटा था तथा वह शेयर बाजार का कार्य करता था।

"घटना के बारे में बताया जाता है कि आज दोपहर जब वह अपने घर में खाट पर सो रहा था तभी उसकी पत्नी श्रीमती सुनीता पुत्री जयप्रकाश ने उस पर मिट्टी का तेल डाल कर आग लगा दी। आग लगते ही तेजपाल बचाओ-बचाओ चिल्लाने लगा। इस घटना के वक्त तेजपाल के माँ-बाप घर पर नहीं थे।

"इस घटना की प्रत्यक्षदर्शी तेरह वर्षीया लड़की ने बताया कि जब वह तेजपाल के घर गई तो भाभी सुनीता ने कहा कि जाओ लल्ला को ले जाओ, उसे खिला लाओ। तेजपाल के एक साल का लड़का है। लड़की ने बताया कि जैसे ही वह एक वर्षीय लल्ला को ले कर बाहर निकली तभी थोड़ी देर बाद घर में चीख-पुकार की आवाजें आने लगीं। दौड़ कर जब वह अन्दर गई तो देखा कि तेजपाल जल रहा है। उस ने तत्काल इस बात की सूचना पड़ोस के लोगों को दी। देखते-देखते तेजपाल के घर पर लोगों की भीड़ एकत्र हो गई।

"इस बीच तेजपाल के पिता यादराम आ गए और उन्होंने इस घटना की सूचना कंकरखेड़ा थाने को दी। इस बीच करीब 95 प्रतिशत जली अवस्था में तेजपाल को प्यारे लाल शर्मा अस्पताल में भर्ती कराया गया जहाँ उस की मृत्यु हो गई।

"घटना के मूल कारणों के बारे में कंकरखेड़ा पुलिस ने बताया कि तेजपाल और श्रीमती सुनीता का विवाह चार वर्ष पूर्व हुआ था। पिछले दो सालों से इन दोनों में आपसी तालमेल बेहद खराब चल रहा था। इस बात को ले कर श्रीमती सुनीता अपने पति का घर छोड़ कर अपने मायके शिवलोक कस्बे में रहने लगी थी।

"पुलिस का कहना है कि दो साल पूर्व कोर्ट में फैसला हो गया था। हालांकि लड़की के माँ-बाप तेजपाल पर यह आरोप लगाते थे कि वह सुनीता के साथ मार-पीट करता था। कोर्ट में हुई रजामंदी के बाद श्रीमती सुनीता वापस तेजपाल के साथ रहने लगी थी।

"एस. एस. पी. डा. कश्मीर सिंह के हवाले से पुलिस प्रवक्ता ने कहा कि श्रीमती सुनीता बदचलन थी, इस कारण उस का अपने पति तेजपाल के साथ झगड़ा रहता था। प्रवक्ता ने यह भी बताया कि जब तेजपाल ने अपने ससुर

जयप्रकाश से शिकायत की तो उसे उल्टा जान से मारने की धमकी दी गई। प्रवक्ता ने यह भी बताया कि श्रीमती सुनीता घर से कई बार भाग चुकी थी।

"पुलिस ने शाम को तेजपाल की पत्नी श्रीमती सुनीता को गिरफ्तार कर लिया, वहीं प्यारे लाल शर्मा अस्पताल में, भर्ती तेजपाल अत्यधिक रूप से जल जाने के कारण तड़फता रहा। तेजपाल ने मजिस्ट्रेट के सामने दिए गए बयान में कहा कि उस की पत्नी का चाल-चलन ठीक नहीं था। वह दो बार घर से भाग चुकी थी और तीन दिन पूर्व ही घर लौटी थी। इस घटना की रिपोर्ट कंकरखेड़ा थाने पर यादराम ने लिखाई।"[50]

8.2. तेजपाल की इस हत्या के बाद कुटुम्ब न्यायालय के बारे में ज्यादा कुछ कहने की आवश्यकता नहीं रह जाती। केवल इतना कहा जा सकता है कि अपनी भाषा में कुटुम्ब न्यायालय ने इनमें दो वर्ष पहले सुलह करा दी थी। उसी सुलह का यह नतीजा निकला है कि बेचारा तेजपाल मर गया है। बताया जा सकता है कि यदि इन में तलाक हो गया होता तो ये दोनों—तेजपाल और सुनीता—दलित कौम की प्रथा के अनुसार अपने-अपने नए जोड़ों के साथ सुख में रहते। अब तेजपाल मर गए हैं और सुनीता जेल में रहेगी। जाने अब कोर्ट इन के एक वर्षीय बच्चे की संरक्षा के बारे में क्या सोचेगी? अब वह पितृहीन और मातृहीन दोनों हो गया है जबकि तलाक की अवस्था में वह केवल पितृहीन या मातृहीन रहता।

8.3. किसी कौम का मनोविज्ञान समझने की जरूरत हुआ करती है। समाचार-पत्र के नगर प्रतिनिधि ने पहला ही प्रश्न अपने लिए अचम्भे वाला बताया है। उन्होंने शुरू में ही कहा है—"पत्नी को जला कर मारने की घटनाएँ तो आम बात हो गई हैं लेकिन अगर पत्नी अपने पति को जला कर मार डाले तो बात अचम्भे वाली ही कही जाएगी।"

8.4. अखबार के नगर प्रतिनिधि को यह बात अचम्भे वाली इसलिए लगी है क्योंकि उन के समाज में ऐसा संभव नहीं है लेकिन यहाँ बताया जा सकता है कि दलित कौम में यह बात अचम्भे वाली बिल्कुल नहीं है। तभी दलितों में तलाक की प्रथा है। हिन्दू विवाह अधिनियम, 1955 और कुटुम्ब न्यायालय अधिनियम, 1984 के बनाने वाले द्विज सांसदों और कुटुम्ब न्यायालय के द्विज न्यायाधीशों को बताया जा सकता है कि दलित कौमों में यह नई बात नहीं है।

8.5. यहाँ कहा जा सकता है कि सुनीता ने तेजपाल को नहीं मारा है बल्कि यह 'कुटुम्ब न्यायालय अधिनियम, 1984' ने तेजपाल को मारा है। तेजपाल की हत्या के केस में 'कुटुम्ब न्यायालय अधिनियम, 1984' को अपराधी ठहराया जाना चाहिए। लावड़ के शंभू सैनी के पुत्र जगदीश सैनी के साथ भी ऐसा ही हुआ था। विवाह के पश्चात कौशल ने पहले राधा को और फिर मोहित को जन्म दिया। जगदीश खेती-बाड़ी करता है। कौशल पढ़ी-लिखी महिला है।

8.6. लेकिन कुटुम्ब न्यायालय अधिनियम, 1984 के तहत उच्च न्यायालय, इलाहाबाद, ने जो एक अन्य निर्णय दिया है वह फिर अचम्भे वाला है। 'दैनिक जागरण', मेरठ, के दिनांक 2-1-95 के अखबार में इलाहाबाद उच्च न्यायालय के इस निर्णय के बारे में इस प्रकार टिप्पणी की गई है :

''पति-पत्नी में समझौते का प्रयास करना परिवार न्यायालय का कर्त्तव्य''

''परिवार न्यायालय का यह कर्त्तव्य है कि पति-पत्नी के मध्य समझौते का प्रयास अवश्य किया जाय। जहाँ पति और पत्नी दोनों ही युवा हैं, न्यायालय का यह कर्त्तव्य है कि उन के मतभेदों को समाप्त करने का पूरा प्रयास हो। इस उत्तरदायित्व का यदि निर्वाह न्यायालय द्वारा नहीं किया गया है तो यह एक गंभीर त्रुटि है। यह सोच कर समझौते का प्रयास न करना कि पक्षकारों के लिए सुविधाजनक नहीं होगा, सही नहीं है। समझौते का प्रयास परिवार न्यायालय द्वारा ही होना चाहिए। एक दम्पति का मार्च 1986 में विवाह हुआ था। 10-15 दिन के अन्दर ही पति-पत्नी में विवाद हो गया। विवाद इतना बढ़ा कि जून 86 में पत्नी ने अपने ऊपर मिट्टी का तेल डाल लिया और माचिस हाथ में ले कर यह धमकी दी कि अपने को जला दूँगी। लोगों ने हस्तक्षेप कर के इस स्थिति को टाला। पति ने इस आधार पर प्रार्थना-पत्र दिया कि पत्नी ने उस के साथ निर्दयतापूर्ण व्यवहार किया है, इसलिए विवाह विच्छेद कर दिया जाए। पत्नी का कथन था कि पति के दुर्व्यवहार ने उसे पति का घर छोड़ने को मजबूर किया। परिवार न्यायालय ने पति के गवाहों को अविश्वसनीय माना और उन का आवेदन अस्वीकृत कर दिया। पति ने उच्च न्यायालय में अपील की। अपील में उच्च न्यायालय ने पाया कि परिवार न्यायालय द्वारा समझौते के प्रयास के अनिवार्य प्रावधानों का पालन नहीं किया गया है। इस कारण मामले को पुनः परिवार न्यायालय की सुनवाई के लिए वापस भेजा जाना जरूरी माना गया। इस दौरान पत्नी के भरण-पोषण के व्यय के संबंध में उच्च न्यायालय ने पति के स्टेट बैंक में कर्मचारी होने के आधार पर 750.00 रुपया मासिक गुजारे की राशि पत्नी को दिलाया जाना उचित माना। पत्नी को गुजारे की कुछ राशि धारा 125 दण्ड प्रक्रिया संहिता के अंतर्गत भी मिल रही थी। इस संबंध में उच्च न्यायालय ने यह निर्देश दिया कि पत्नी दोनों आदेशों के अन्तर्गत गुजारा पाने की अधिकारिणी नहीं है। एक ही राशि गुजारे के रूप में प्राप्त होगी। धारा 125 के अन्तर्गत दिलाई गई राशि का समायोजन हो सकेगा। परिवार न्यायायलय को यह निर्देश दिए गए कि जब गुजारे की सम्पूर्ण राशि अदा हो जाए, तब समझौते का प्रयास करे। पत्नी जो दूसरे स्थान पर रह रही है, को

न्यायालय आने-जाने के व्यय और यात्रा व्यय के संबंध में भी प्रार्थना-पत्र देने का अधिकार होगा। इस प्रकार सन् 87 में प्रारंभ हुए इस वैवाहिक विवाद में 7 वर्षों के बाद 1994 के अन्त में उच्च न्यायालय द्वारा मामले को पुनः परिवार न्यायालय को भेज दिया गया। वैवाहिक मुकदमों की क्या परिणति हो रही है, यह इस प्रकरण से स्पष्ट है। (1995/25/ए. एल. आर.-17)''[51]

9.0. कुटुम्ब न्यायालय अधिनियम, 1984 की धारा-13 इस प्रकार है :

''**विधिक प्रतिनिधित्व का अधिकार**—किसी विधि में किसी बात के होते हुए भी कुटुम्ब न्यायालय के सम्मुख किसी वाद या कार्यवाही में कोई पक्षकार अधिकार के तौर पर इस बात का अधिकारी नहीं होगा कि उस का किसी विधि व्यवसायी द्वारा प्रतिनिधित्व किया जाए।''[52]

9.1. ऊपर देखा गया है कि इस अधिनियम की धारा-13 के तहत इस अधिनियम में किसी विधि व्यवसायी रखने की अपेक्षा नहीं है और न ही पक्षकारों को विधि-व्यवसायी रखने का अधिकार दिया गया है लेकिन कुटुम्ब न्यायालय के जज वाद में पिटीशनर, रेस्पोन्डेन्ट और को-रेस्पोन्डेन्ट को गायब कर के केवल विधिक व्यावसायियों की बात मानना चाहते हैं। वे केस को कानून की पेचीदगियों में उलझाना चाहते हैं जिस की अधि;नियम में मनाही की गई है। यह इस अधिनियम के उद्देश्यों के एकदम विपरीत बात है। हर केस में पेशेवर वकील रखे जाते हैं।

9.2. ऐसा कुटुम्ब न्यायालय एक वादी के लिए क्रूर, अमानवीय और अन्यायकारी सिद्ध हो जाता है। कार्यवाही में वह अशिष्टता की हद तक जा पहुँचता है।

9.3. कौटिल्य के अर्थशास्त्र में लिखा गया है :

> ''यदि दूष्य और महामात्र का पुत्र अपने पिता की स्त्रियों के साथ, पिता पुत्रों की स्त्रियों के साथ और भाई, भाई की स्त्री के साथ व्यभिचार करे तो कापटिक गुप्तचर द्वारा उन का आपस में झगड़ा करा दिया जाए और तदनन्तर पूर्वोक्त विधि से उन का काम तमाम करा दिया जाए।''[53]

9.4. दुःख की बात है कि कुटुम्ब न्यायालय के न्यायाधीश कौटिल्य के बताए इस मार्ग पर भी चल बैठते हैं।

9.5. सब से दुःख की बात यह होती है कि कुटुम्ब न्यायालय के न्यायाधीश सुलह और समझौते के चक्कर में केस की गंभीरता को नहीं समझते।

9.6. इस का मतलब यही है कि इस प्रक्रिया से गुजार कर दलित विवाह को द्विजों का ब्राह्म विवाह बनाया जाता है।

9.7. वादी को न्याय नहीं, न्याय के भ्रम में रखा जाता है। कुटुम्ब न्यायालय के न्यायाधीश वादियों को मूर्ख भी बनाते हैं। उन्हें न्याय का इंतजार करने में कोर्ट के द्वारा

बरती गई क्रूरता अतिरिक्त सहनी होती है।

9.8. देर करके न्यायालय परिवारों का नुकसान करते हैं। ये बच्चों को पहले से भी ज्यादा दुःख पहुँचाते हैं। ये समाज में वादियों की मान-हानि होने देते हैं। यह देरी व्यक्ति की गरिमा के खिलाफ बैठती है। देरी से समाज में गलत पक्ष का राज रहता है। इससे बहू-बेटियों पर बुरा असर पड़ता है।

9.9. केस का समय पर फैसला हो तो परिवार के सारे सदस्य उसी समय अपने-अपने निर्णय ले सकते हैं। परिवार के सदस्यों को कोर्ट की देरी अपने महत्वपूर्ण निर्णय लेने से रोकती है। इससे परिवार का विकास रुकता है और इस देरी से परिवार के हित में कोई लाभ नहीं है।

9.10. सुप्रीम कोर्ट ने भी 'श्रीमती जोर्डन डिंगडेह बनाम एस. एस. चोपड़ा (न्या. चिन्नप्पा रेड्डी) उच्चतम न्यायालय पत्रिका (1985) : 4 उम. नि. प. : 834' वाले अपने निर्णय में अपने आपको गैर-जरूरी और अशोभनीय साक्ष्य की अगली खोजबीन करने से रोक लिया था। केस के अनुसार, श्रीमती डिंगडेह ने अपने पति पर आरोप लगाया था जिसे सुप्रीम कोर्ट ने इन शब्दों में रखा है–"यद्यपि पति का लिंग तो खड़ा होता है और वह योनि में प्रविष्ट भी होता है, किन्तु पत्नी की कामोत्तेजना के चरम सीमा पर पहुँचने से पूर्व वीर्य का स्खलन हो जाता है जिससे पत्नी पूर्ण रूप से असन्तुष्ट और निराश रहती है।"[54] इस आरोप के बारे में सुप्रीम कोर्ट ने अपने निर्णय में लिखा था–"इस प्रक्रम में हमारा सम्बन्ध इस प्रश्न से नहीं है कि पत्नी किस सीमा तक अपने पक्षकथन को सिद्ध करने में समर्थ रहती है। अब वास्तविक समस्या यह है कि विवाह असमाधेय रूप से टूटा हुआ है।"[55]

9.12. सुप्रीम कोर्ट ने अपने एक अन्य निर्णय 'श्रीमती चन्द्रकला त्रिवेदी बनाम डॉ. एस. पी. त्रिवेदी, 24 अगस्त, 1993 : न्या. एस. रतनावेद पान्डियन और न्यायमूर्ति आर. एम. सहाय' में लिखा है–"दुर्भाग्य से अपीलार्थी के लिए वैवाहिक न्यायालय ने भी, जिसने आवेदन खारिज कर दिया था, यह पाया कि उस का व्यवहार हिन्दू विवाहित महिला के समान नहीं था। क्या पति का यह अभिकथन कि पत्नी को युवा लड़कों से सहयुक्त रहने की आदत थी और तीन न्यायालयों द्वारा अभिलिखित निष्कर्ष सही हैं अथवा नहीं, किन्तु जो कुछ निश्चित है, वह यह है कि जब एक बार पति और पत्नी द्वारा ऐसे अभिकथन किए गए हों, जैसे कि इस मामले में किए गए हैं तब यह बात स्पष्ट है कि दोनों का विवाह किसी भी परिस्थिति में आगे चालू नहीं बना रह सकता।"[56] आगे सुप्रीम कोर्ट ने इस सब पर बिना कोई जाँच-परख किए और उसे सभ्यता के आवरण से ढकते हुए अपने निर्णय में लिखा है–"हम इस बात का भी उल्लेख कर सकते हैं कि अपीलार्थी के अशोभनीय व्यवहार का निष्कर्ष गलत प्रतीत होता है। इसलिए हम यह निर्देश देते हैं कि सभी न्यायालयों के निर्णय में ऐसे निष्कर्ष लुप्त समझे जाएँ। फिर भी हमने खण्ड न्यायपीठ द्वारा पारित आदेश में हस्तक्षेप न करने का विनिश्चय किया है।"[57] ज्ञातव्य है कि इस केस में द्विज समाज की समस्याओं का भी जिक्र आया था जब सुप्रीम

कोर्ट ने अपने निर्णय में लिखा था—"जब विशेष इजाजत याचिका सुनवाई के लिए पेश हुई तब पक्षकारों ने बहुत ही कठोर और कड़ा रुख अपनाया। वह भी तब जब वे अब दादा-दादी हैं। जीवन का सर्वश्रेष्ठ भाग समाप्त हो गया है किन्तु एक दूसरे के लिए नापसन्दगी की अग्नि अभी भी जल रही है। हम विद्वान काउन्सेल द्वारा व्यक्त की गई पत्नी की भावनाओं का आदर करते हैं कि कोई भी रूढ़िवादी हिन्दू महिला यह पसन्द नहीं करेगी कि समाज में वह विच्छिन्न-विवाह के रूप में जानी जाए। इसके साथ ही हम उस असम्भव स्थिति के प्रति भी असावधान नहीं हो सकते जिसमें पक्षकार पहुँच गए हैं जो कि वास्तव में एक दुर्भाग्यपूर्ण स्थिति है।"[58] इसी क्रम में यह तलाक दे दिया गया था।

9.13. इस प्रकार, स्वीय विधि के तहत साक्ष्य में सब कुछ कहलवाने का मतलब है कि समाज में लोगों को सड़कों पर नंगे हो कर कामाचार करने की स्वीकृति मिल गई है। लेकिन अपनी स्वीय विधि में इसीलिए दलित लोग ऐसी किसी दिगम्बरी संस्कृति से दूर के लोग हैं।

9.14. दलित तलाक को अवश्य ही शालीनता से जोड़ा जाना है। किसी के भी द्वारा साक्ष्य में ऐसी कोई बात नहीं कही जाएगी जो शिष्ट समाज में अशोभनीय मानी जाती है, विशेषकर, बच्चों से ऐसी अपेक्षा रखना कि वे अपने साक्ष्य में अपने माँ-बाप के बारे में कुछ भी अश्लील बताएंगे, उनके प्रति कानून की अभद्र और अन्यायकारी अपेक्षा है। पारिवारिक मामलों में साक्ष्य की कोई ऐसी अनिवार्यता मनुष्य को उसकी गरिमा और उसके रुतबे से नीचे गिराती है। वास्तव में, तलाक के केसों में वादी को ऐसे साक्ष्यों के लिए मजबूर करने का मतलब है कि दलित विवाह को जबरन द्विजों का ब्राह्म विवाह बनाया जा रहा है। इसलिए साक्ष्य के ऐसे कानून से जहालत दूर करके उसे एक शोभनीय संस्कार देने की आवश्यकता है जिस में तलाक भी होगा और शालीनता भी कायम रहेगी। ये दोनों व्यक्ति के हक हैं और बाकी परिवार में उस की बहुत सारी जिम्मेदारियाँ हैं जिन्हें वह खुशी से निभाया करता है।

[3]

10.0 देखा गया है कि हिन्दू विवाह अधिनियम, 1955 के बनाने में संसद में यह बहस हुई थी कि हिन्दुओं में विवाह एक पवित्र संस्कार है या एक करार है जिस में इसे करार माना गया था और पवित्र संस्कार नहीं माना गया था।

10.1. कुटुम्ब न्यायालय अधिनियम, 1984 के तहत जजों को यह काम सौंपा गया है कि वे–

(i) पार्टियों में सुलह कराएँ;
(ii) उन्हें समझौता करने के लिए मनाएँ; और,
(iii) सुलह और समझौते के लिए कोर्ट की कार्यवाहियों को इच्छानुसार स्थगित कर दें।

10.2. कुटुम्ब न्यायालय अधिनियम, 1984 में आए हुए शब्दों–'सुलह', 'समझौता', 'प्रयत्न', 'मनाना' और 'स्थगन'–को इस रूप में प्रयोग किया जा रहा है कि मानो विवाह को पवित्र संस्कार मानने की नई शब्दावली खड़ी कर ली गई है और इसे करार मानने को भुला दिया गया है।

10.3. कुटुम्ब न्यायालय अधिनियम, 1984 की धारा 4-4(क) में न्यायाधीशों की नियुक्ति के बारे में लिखा गया है कि न्यायाधीशों के रूप में......उन व्यक्तियों का ही चयन किया जाए जो –

(क) विवाह-संस्था की सुरक्षा और संरक्षा करने और उसे बनाए रखने के लिए..........प्रतिबद्ध हों;
(ख) ......बालकों के कल्याण की अभिवृत्ति के लिए प्रतिबद्ध हों; और,
(ग) ....सुलह और परामर्श द्वारा विवादों का निपटारा कराने के अपने अनुभव और विशेषज्ञता के कारण अर्हित हों।[59]

10.4. विवाह-संस्था में 'पुनर्विवाह' शामिल है लेकिन यहाँ पुनर्विवाह को विवाह का विरोधी मान लिया गया है। जब कुटुम्ब न्यायालय अधिनियम, 1984 की धारा-4 (क) में लिखा है कि 'विवाह-संस्था की सुरक्षा और संरक्षा की जाए और उसे बनाए रखा जाए' तो इस का मतलब यह भी है कि इस में हिन्दू विवाह अधिनियम, 1955 की धारा-15 में बताया गया 'पुनर्विवाह' शामिल है।

10.5. 'पुनर्विवाह' विवाह-संस्था का विरोधी नहीं है बल्कि विवाह-संस्था का सुरक्षा-वाल्व और बचाव है तथा संन्यास विवाह-संस्था का विरोधी है जिसे हिन्दू विवाह

अधिनियम, 1955 की धारा-13 (vi) में गलती से मान्य किया गया है।

10.6. कुटुम्ब न्यायालय अधिनियम, 1984 की धारा-4-4 (क) में विवाह-संस्था की सुरक्षा और संरक्षा करने में और उसे बनाए रखने में ऐसा माना गया है कि मानो इस में 'पुनर्विवाह' शामिल न हो। पुनर्विवाह को विवाह-संस्था का हिस्सा न मानने में तथा हिन्दू विधि के तहत संन्यास ग्रहण को अनुमत करने में भारत के संविधान के नीति के निदेशक तत्व वाले अध्याय के अनुच्छेद 51 क (ज) का उल्लंघन होता है जो समाज में वैज्ञानिक दृष्टिकोण, मानववाद, ज्ञानार्जन और सुधार भावना की दिशा देता है।

10.7. कुटुम्ब न्यायालय अधिनियम, 1984 की धारा–9 (1) और 9 (2) में समझौता कराने के लिए प्रयत्न करने के न्यायालय के कर्त्तव्य में लिखा गया है कि न्यायालय सर्वप्रथम पक्षकारों में समझौता कराने की कोशिश करेगा तथा इस समझौते के लिए वह कार्यवाहियों को ऐसी अवधि के लिए, जो वह उचित समझे, स्थगित कर सकता है।

10.8. कुटुम्ब न्यायालय अधिनियम, 1984 की धारा-9 में बरती गई देरी भारत के संविधान की उद्देशिका में बताई गई 'व्यक्ति की गरिमा' के विरुद्ध जाती है तथा कोर्ट में वाद-काल मे जितनी देरी की जाती है बालकों के कल्याण पर उतना ही गलत असर पड़ता है।

10.9. कुटुम्ब न्यायालय अधिनियम, 1984 की प्रस्तावना में इस अधिनियम के दो उद्देश्य लिखे गए हैं–

(क) विवाह से संबंधित विवादों में सुलह कराई जाए, तथा,

(ख) उनका शीघ्र निपटारा सुनिश्चित किया जाए,

जो कि एक-दूसरे के विरोधी हैं।

10.10. राज्य को अपने अधिनियम और न्यायालय द्वारा वैवाहिक मामलों में सुलह कराने से कोई मतलब नहीं होना चाहिए बल्कि उसका मुख्य काम वादी को जल्दी से जल्दी न्याय देने का है। यदि ऐसा नहीं है तो अधिनियम द्वारा सोच-समझ कर देरी करने का मतलब सुलह कराने के लिए परामर्श के नाम पर व्यक्ति पर दबाव डाल कर उसे मजबूर करने से है जो विधि में एक अनुचित कार्य है।

10.11. हिन्दू विवाह अधिनियम, 1955 में 'हिन्दू पद' की परिभाषा में विवाह-विच्छेद के प्रावधान में द्विज हिन्दू का दृष्टिकोण मान्य किया गया है तथा अनुसूचित जातियों और अन्य पिछड़ी जातियों की वैवाहिक परम्पराओं का ध्यान नहीं रखा गया।

10.12. हिन्दू विवाह अधिनियम, 1955 और कुटुम्ब न्यायालय अधिनियम, 1984 में हिन्दू समाज की दो भिन्न परम्पराएँ एक दूसरी से समानान्तर हो कर चल रही हैं। इनमें से एक द्विज समाज की परम्परा है जिस में विवाह को 'पवित्र संस्कार' और 'अटूट' माना गया है तथा दूसरी दलित समाज की परम्परा है जिसमें विवाह को 'करार' और तलाक के बाद 'पुनर्विवाह' को विवाह मान्य किया गया है।

10.13. कुटुम्ब न्यायालय अधिनियम, 1984 में आए हुए शब्द 'सुलह', 'समझौता'

तथा लम्बी 'अवधि के लिए कार्यवाहियों का स्थगन'—के द्वारा विवाह को पुनः शब्दान्तर से 'पवित्र संस्कार' वाला और 'अटूट' बनाया गया है। इसमें हिन्दू विवाह अधिनियम, 1955 में आए हुए दलित परम्परा के शब्दों—'विवाह-विच्छेद' और 'पुनर्विवाह' को भुला दिया गया है।

10.14. कई बार कोर्ट का व्यवहार, दृष्टिकोण और परिणाम ऐसा होता है कि मानो वह द्विज हिन्दू के लिए बनाई गई है और दलित हिन्दू के लिए नहीं। हिन्दू विवाह अधिनियम, 1955 में दलित जातियों की रूढ़ियों और प्रथाओं को सम्मान देने की बात कह कर भी कोर्ट में ऐसी देरी की जाती है कि मानो वह द्विज हिन्दू की रूढ़ियों और प्रथाओं का केस हो।

10.15 जब किसी हिन्दू पति की पत्नी जारकर्म करती है तो उस पति के सामने निम्न विकल्प रहते हैं :

(1) वह पत्नी के जारकर्म को चुप सहता रहे;
(2) वह पत्नी की सहमति से दूसरी पत्नी रख ले;
(3) वह पत्नी की असहमति होते हुए भी उपपत्नी रख ले;
(4) वह आपसी सहमति से पत्नी से तलाक ले ले;
(5) वह कोर्ट में तलाक के लिए अर्जी डाल दे;
(6) वह हिन्दू धर्म में मान्य संन्यास ग्रहण कर ले;
(7) वह किसी अन्य धर्म में धर्मान्तरण कर ले;
(मेरी जानकारी के अनुसार सुप्रीम कोर्ट ने इस विकल्प पर रोक लगा रखी है क्योंकि इस से उसे कुछ फायदा नहीं मिलने वाला है।)
(8) वह हत्या या आत्महत्या कर ले ;
(9) वह सम्मति या मौनानुकूलता धारण कर ले; या,
(10) वह पत्नी से वेश्यावृत्ति करवाने लगे।

10.16. जब कोई पति कोर्ट में तलाक के लिए अर्जी डालने का विकल्प अपनाता है तो इसमें कुटुम्ब न्यायालय अधिनियम, 1984 उस पर दबाव डालता है कि वह पत्नी से सुलह या समझौता कर ले।

10.17. सुलह या समझौते का इस परिस्थिति में इस के सिवा कोई अर्थ नहीं है कि वह कोर्ट के पास न जाए और सनातनी हिन्दू बन जाए। यह दलित समुदाय के व्यक्ति को द्विज बनाने की प्रक्रिया है।

10.18. कोई भी सम्मानजनक और सामाजिक मनुष्य इस प्रकार का गृहस्थ जीवन नहीं चला सकता जिस प्रकार का गृहस्थ जीवन हिन्दू पति से चलवाने की अपेक्षा की जाती है।

10.19. भारत के संविधान के अनुच्छेद 19 (2) ने नागरिकों के स्वातंत्र्य अधिकार को उस सीमा पर समाप्त कर दिया है जहाँ वह स्वतंत्रता लोक व्यवस्था, शिष्टाचार या

सदाचार को भंग करती है।

10.20. 'हिन्दू विवाह अधिनियम, 1955' में दलित कौमों की परम्परा का ध्यान नहीं रखा गया और इसे पूर्णतः द्विज समाज की प्राचीन स्मृतियों के अनुसार बनाया गया है।

10.21 'हिन्दू विवाह अधिनियम, 1955' में दलितों की परम्परा के 'तलाक' शब्द को जानबूझ कर निष्प्रभावी बताया गया है।

10.22. 'हिन्दू विवाह अधिनियम, 1955' में पति को संन्यास धारण करने के लिए मजबूर किया जाता है और पत्नी को गुलाम, वेश्या या नंगिनी बनाया जाता है।

10.23. 'हिन्दू विवाह अधिनियम, 1955' पति और पत्नी को हत्या या आत्महत्या के लिए दुष्प्रेरित करता है।

10.24. 'हिन्दू विवाह अधिनियम, 1955' मनुष्यों को अपने घरों में एक निरन्तर धोंस या लगातार फजीते में रहने को बाध्य करता है।

10.25. 'हिन्दू विवाह अधिनियम, 1955' न पत्नी को आजादी देता है और न उसे कोई जिम्मेदारी देता है। यह उसे भरण-पोषण दे कर केवल खरीदता और बांधता है।

10.26. 'हिन्दू विवाह अधिनियम, 1955' ने मनुष्य की गरिमा का ध्यान नहीं रखा और धन को मनुष्य के ऊपर वरीयता दी है। यह पत्नी को धन के लोभ में रख कर उसे दब्बू या बेशर्म बनाता है।

10.27. 'हिन्दू विवाह अधिनियम, 1955' भारी-भरकम भरण-पोषण दे कर पत्नी को निठल्ली बना कर रखना चाहता है और उसे सम्मानजनक जीविका कमाने के लिए प्रेरित नहीं करता और पति के धन का शोषण करवाता है।

10.28. 'हिन्दू विवाह अधिनियम, 1955' में तलाक को तलाक न कह कर 'विवाह-विच्छेद' कहा गया है जिसमें तलाक के बाद भी तलाकशुदा व्यक्ति को भरण-पोषण के माध्यम से परेशान रखा जाता है।

10.29. 'हिन्दू विवाह अधिनियम, 1955' और 'कुटुम्ब न्यायालय अधिनियम, 1984' में कोर्ट की प्रक्रिया इतनी जटिल और अपीलों के कारण इतनी लम्बी है कि यह याचना गृहस्थ मनुष्य के सम्मान के अनुकूल नहीं रह जाती।

10.30. 'हिन्दू विवाह अधिनियम, 1955' मनुष्य को घर से बाहर के बारे में राष्ट्र आदि की एक बात भी नहीं सोचने देता। घर के चक्कर में सारा समय लगने से मनुष्य सृष्टि के दूसरे वैज्ञानिक और अन्य रोचक तथा सुन्दर पहलुओं को पूर्णतः भूल जाता है।

10.31. 'हिन्दू विवाह अधिनियम, 1955' में 'डाइवोर्स' शब्द को अर्थहीन किया गया है। जब केस में दस-दस वर्ष लगते हों और अपीलें भी होती हों तो विवाह को निश्चित रूप से द्विजों का 'पवित्र संस्कार' और 'ब्राह्म विवाह' माना जाता है और दलितों के विवाह का 'करार' नहीं।

10.32. 'हिन्दू विवाह अधिनियम, 1955' दलितों और द्विजों का एक साझा कानून

है जिसके चलन में दलितों को नुकसान पहुँचता है।

10.33. ऊपर की सारी बातों को ध्यान में रखते हुए दलित समाज की हिन्दू कानून से साझेदारी समाप्त करने की आवश्यकता बन गई है।

10.34. यह अपना-अपना विचार होता है कि कोई पति अपनी पत्नी के जारकर्म के आधार पर उससे तलाक लेना पसन्द करता है और कोई दूसरा पति तलाक लेना पसन्द नहीं करता।

10.35. जो तलाक लेना पसन्द नहीं करता वह द्विज है जिसके यहाँ पुनर्जन्म के सिद्धान्त में विश्वास है और विवाह एक पवित्र संस्कार है जो अटूट है।

10.36. जो तलाक लेना पसन्द करता है वह दलित परम्परा का व्यक्ति है। वह विवाह को जन्म-जन्म का बन्धन नहीं मानता और उसके यहाँ पुनर्विवाह का प्रचलन है।

10.37. सुलह और समझौते तथा देरी और अनिर्णय के नाम पर कोर्ट हर वादी पर उस दूसरे आदमी की मान्यता क्यों थोंपती है जिसे अपनी पत्नी का जारकर्म पसन्द है या सहन है?

10.38. ऐसी हालत में दलित जाति के वादी को द्विज बना कर उसे यातना क्यों दी जाती है?

10.39. ऊपर की बातों को ध्यान में रखते हुए दलित वादियों को बताया जाए कि वे हिन्दू होने का और कितना दण्ड भुगतें।

10.40. दलित समाज की परम्पराओं को ध्यान में रखने पर पता चलता है कि फैसले में देरी से दलित कौमों के घर सुधरते नहीं बल्कि ज्यादा बिगड़ते हैं।

10.41. देरी करके कोर्ट अपनी कमजोरियों को छुपाती है। यह कभी सच नहीं हो सकता कि न्याय में देरी कभी भले व्यक्ति के पक्ष में जाएगी। दुर्भाग्य से, कुटुम्ब न्यायालय मुकदमों को जल्दी निपटाने की घोषणा करके उन में मनमानी देरी करता है।

10.42. कोर्ट द्वारा अनावश्यक देरी करके वादी के अच्छे-भले और हँसने-खेलने की संभावनाओं से भरपूर वर्तमान जीवन को बर्बाद किया जाता है। उसके जीवन से सारी प्रेरणा निकाली जाती है। उसके जीवन-चरित्र में से 'जीवन' निकाल कर चरित्र के नाम से 'बनावट' का खोखला छोड़ा जाता है और उसे उसकी केंचुल में देखा जाता है। यह उसका 'डिह्यूमैनाइजेशन' और 'ह्यूमन एलिएनेशन है' जो संविधान के अनुच्छेद 51 क (ज) के विरोध में पड़ता है।

10.43. दलित लोग हिन्दू कानून की कोई बुराई करना नहीं चाहते। यह उनका उद्देश्य नहीं है कि वे किसी पराए कानून में खोट निकालते फिरें। हिन्दुओं का कानून द्विजों के लिए बहुत लाभदायक हो सकता है क्योंकि यह उनकी परम्पराओं और स्मृतियों में से निकला है। लेकिन यदि पराई कौम का यह कानून दलित लोगों पर लागू किया जाता है तो फिर इस कानून को बुरा-भला कहना पड़ता है। यह दलित कौम की परम्पराओं से मेल नहीं खाता। इस का दलितों से कोई संबंध नहीं है।

10.44. हिन्दू विवाह अधिनियम, 1955 तथा कुटुम्ब न्यायालय अधिनियम, 1984 के दोनों कानून मिल कर दलितों का नए स्तर पर ब्राह्मणीकरण और द्विजीकरण करना चाह रहे हैं।

10.45. दलित लोग ब्राह्मणीकरण और द्विजीकरण में दाखिल न होने के लिए अपनी पुरजोर कोशिश कर रहे हैं। वे साफ कह रहे हैं कि उन से द्विज नहीं बना जा रहा है। वे यह भी कहना चाह रहे हैं कि वे द्विज होने को अच्छा भी नहीं मानते—हाँ, वे ऐसे द्विज व्यक्ति को अपने से अच्छा कभी नहीं मानते। उनकी और द्विजों की कोई तुलना नहीं है। द्विज अपनी जगह ठीक हैं और दलित अपनी जगह ठीक हैं। दलित लोग अपनी कौमों में प्रचलित तलाक की परम्पराओं को स्वस्थ परम्पराएँ मानते हैं।

10.46. दलित व्यक्ति ब्राह्मण बनना नहीं चाहता। कोई कानून उसे ब्राह्मण नहीं बना सकता। वह अपने जीवन में कथनी और करनी का अन्तर पैदा नहीं कर सकता। वह जिन की परम्परा में है, वे उसके कबीर, ब्राह्मणों के इस कथनी और करनी के अन्तर से लड़ कर गए हैं। बाबा साहेब डॉ. अम्बेडकर ने ब्राह्मणों के इस दोहरे चरित्र को 'रिडल्स इन हिन्दुइज्म' कहा है।

10.47. सारे हिन्दू कानून व्यक्ति को पत्नी के बजाय रखैल देना चाहते हैं। ये उसे व्यभिचार का जीवन अखत्यार करने का मौका देते हैं और तलाक न दे कर ऐसा करने के लिए उसे विवश भी करते हैं।

10.48. हिन्दू कानून व्यक्ति के मन में सफाई लाना नहीं चाहता। यह व्यक्ति के मन को काला रखना चाहता है। यह जीवन में सफाई-पसन्द कानून नहीं है—यह मनों के भेद खोलने का कानून नहीं है।

10.49. कोर्ट चाहती है कि तंग हो कर हर व्यक्ति अपने तलाक के केस को वापिस ले ले। केस को वापिस लेने का मतलब होता है कि जैसे रह रहे हैं, वे बिना शिकायत किए, वैसे ही रहते रहें। कोर्ट को इन बातों से कोई आपत्ति नहीं है। यही कोर्ट का चाहा हुआ पति-पत्नी के बीच बहु-अपेक्षित सुलह और समझौते का समाधान है। कोर्ट कहती है कि आपस में कुछ भी करो पर मेरे पास मत आओ। यही ब्राह्म विवाह है।

10.50. देरी से तंग हो कर चुप रहने का समाधान दे कर कोर्ट ने हिन्दुओं की पारिवारिक क्रान्ति रोक रखी है। हर बार एक भारी परिवर्तन की आवश्यकता बनती है और कोर्ट लोगों को तंग करके उस परिवर्तन को रोक देती है।

10.51. वैवाहिक केस एक सिविल केस होता है। यह बिल्कुल दाम्पत्य जीवन से संबंधित है। लेकिन इस में कोर्ट की देरी का मतलब यह ठहरता है कि ऐसे केस को क्रिमिनल केस बनाया जाए। सच में, परिवार ही इन कारणों से क्रिमिनल केसों की जड़ बनते हैं।

10.52. हिन्दू विवाह अधिनियम, 1955 की धारा 13 (2) (iii) विशेष रूप से असंवैधानिक और विसंगतिपूर्ण है। यह धारा इस प्रकार है :

"13 (2) पत्नी विवाह-विच्छेद की डिक्री द्वारा अपने विवाह के विघटन के

लिए इस आधार पर भी अर्जी उपस्थापित कर सकेगी–

(iii) कि हिन्दू दत्तक तथा भरण-पोषण अधिनियम, 1956 की धारा 18 के अधीन वाद में या दण्ड प्रक्रिया संहिता, 1973 की धारा 125 के अधीन (या दण्ड प्रक्रिया संहिता, 1898 की तत्समान धारा 488 के अधीन) कार्यवाही में, पत्नी को भरण-पोषण दिलवाने के लिए पति के विरुद्ध, यथास्थिति डिक्री या आदेश इस बात के होते हुए भी पारित किया गया है कि यह अलग रहती थी और ऐसी डिक्री या आदेश के पारित किए जाने के समय से एक वर्ष या उससे ऊपर की कालावधि भर पक्षकारों के बीच सहवास का पुनरारम्भ नहीं हुआ है।"[60]

10.53. हिन्दू विवाह अधिनियम, 1955 की यह धारा संविधान के अनुच्छेद 14 के विरुद्ध है क्योंकि यह प्रत्येक व्यक्ति के लिए विधि के समक्ष समता नहीं बरतती। यह संविधान के अनुच्छेद 15 (1) के भी विरुद्ध है क्योंकि यह नागरिकों में लिंग के आधार पर विभेद करती है। इसमें भरण-पोषण पाने वाली पत्नी को विवाह-विच्छेद की डिक्री पाने का अधिकार है लेकिन भरण-पोषण देने वाले पति को यह अधिकार प्राप्त नहीं है कि वह इसी आधार पर तलाक ले सके। यहाँ दोनों को समान अधिकार प्राप्त होना चाहिए कि पति को यदि एक वर्ष तक भरण-पोषण देते हुए हो गया है तो वह भी तलाक की डिक्री प्राप्त कर लेगा।

10.54. असंवैधानिक होने के साथ-साथ यह धारा विसंगतिपूर्ण भी है। इसमें तलाक प्राप्त करने का अधिकार उस स्त्री को दिया गया है जो भरण-पोषण प्राप्त कर रही है अर्थात जिस की कोई निजी आय नहीं है लेकिन तलाक लेने की ताकत उस स्त्री में ज्यादा होती है जो स्वयं कमाती है। लेकिन स्वयं कमाने वाली स्त्री को तलाक लेने का अधिकार प्राप्त नहीं है क्योंकि वह भरण-पोषण प्राप्त नहीं कर रही है। इस तरीके से भी दलित विवाह को द्विज विवाह बनाया जा रहा है।

10.55. इससे आगे, भरण-पोषण और स्थायी निर्वाहिका के मामले में सुप्रीम कोर्ट के निर्णय केवल द्विज परम्परा के तहत हो रहे हैं। तलाक के हर मामले में अनिवार्य रूप से तलाकशुदा पत्नी को भरण-पोषण और स्थायी निर्वाहिका दिलवाई जा रही है। इस से समाज में सदाचार और शालीनता की परम्परा नष्ट हो रही है। स्पष्ट जारकर्म तक में भरण-पोषण दिलवाया जा रहा है। सुप्रीम कोर्ट ने यह मान लिया है कि जब तक तलाकशुदा पत्नी पुनर्विवाह नहीं करती तब तक वह पत्नी है। पति के पुनर्विवाह कर लेने की स्थिति में वह इस नई परिभाषा में द्विविवाहित हो जाता है जिसके लिए भारतीय दंड संहिता, 1860 की धारा-494 में दण्ड का विधान है। वह नई पत्नी को अपने साथ रखता है और तलाकशुदा पत्नी को भरण-पोषण देता है जिसके चरित्र और सतीत्व की उसके पास कोई गारण्टी नहीं है क्योंकि वह उससे दूर रहती है। इस प्रकार, उससे दो पत्नियाँ

एक साथ रखवाई जा रही हैं और यह काम खुद कानून के द्वारा करवाया जा रहा है।

10.56. इस प्रकार के 'जीरो कानून' के बारे में संविधान के अनुच्छेद 13 में स्पष्ट रूप से लिखा गया है :

"13 मूल अधिकारों से असंगत या उनका अल्पीकरण करने वाली विधियाँ—

(1) इस संविधान के प्रारम्भ से ठीक पहले भारत के राज्य क्षेत्र में प्रवृत्त सभी विधियाँ उस मात्रा तक शून्य होंगी जिस तक वे इस भाग के उपबन्धों से असंगत हैं।

(2) राज्य ऐसी कोई विधि नहीं बनाएगा जो इस भाग द्वारा प्रदत्त अधिकारों को छीनती है या न्यून करती है और इस खंड के उल्लंघन में बनाई गई प्रत्येक विधि उल्लंघन की मात्रा तक शून्य होगी।"[61]

[4]

11.0. तलाक अच्छी चीज नहीं है। इससे हर कोई बचा करता है।

11.1. तलाक खुशी की चीज बिल्कुल नहीं है। इसे कोई जश्न नहीं माना करता।

11.2. तलाक मृत्यु का विकल्प है। तलाक संन्यास से सौ बार अच्छा है।

11.3. तलाक अपमान से बाहर निकलने का रास्ता है। यह गैरत में मरने से भली चीज है।

11.4. तलाक तभी उचित है जब यह मनुष्य का सम्मान ठहरता हो। तलाक में व्यक्ति की गरिमा बचती है।

11.5. तलाक हत्या और आत्महत्या दोनों का समाधान है, ऐसी स्थिति में तलाक के रास्ते को जरूर पकड़ना चाहिए।

11.6. दलित समाज में तलाक मौत से बचने का उपाय होता है। लेकिन दलित समाज में मात्र तलाक मौत से बचाव नहीं माना जाता। तलाक के बाद पुनर्विवाह जरूरी है।

11.7. दलित समाज में पुनर्विवाह तलाक के बाद मौत का बचाव है। तलाकशुदा पति-पत्नी पुनर्विवाह के बाद एक दूसरे को पूर्णतया भूल जाते हैं।

11.8. दलित समाज में तलाक के बाद पत्नी को भरण-पोषण नहीं दिया जाता बल्कि वह पुनर्विवाह कर लेती है।

11.9. पति-पत्नी के बीच पैदा हुई घृणा तभी समाप्त होती है जब वे दोनों तलाक के बाद अपने-अपने पुनर्विवाह कर लेते हैं।

11.10. उन में समझ और सुलह उसी दिन समाप्त हो जाती है जिस दिन उनके मन में एक-दूसरे के प्रति घृणा जन्म ले लेती है।

11.11. पुनर्विवाह में वे दोनों अपने नये परिवारों में व्यस्त और मस्त हो जाते हैं। फिर उन के पास एक-दूसरे के खिलाफ सोचने और षड्यंत्र रचने का समय नहीं होता।

11.12. दलित समाज में प्रचलित तलाक नारी स्वतंत्रता की रक्षा करता है क्योंकि इसमें कोई पत्नी अपने बुरे पति से छुटकारा पा लेती है।

12.0. द्विज समाज का कानून व्यक्ति की गरिमा के खिलाफ कानून है। यह जारकर्मी को भरण-पोषण दिलवाता है।

12.1 द्विज समाज का कानून नारी जाति के खिलाफ कानून है क्योंकि यह उन्हें तलाक नहीं लेने देता। यह नारियों को जान-बूझ कर बेईमान और जार बनाता है। यह उन्हें गलत रास्ते पर धकेलता है।

12.2. यह नारियों को तलाक न लेने देने के बदले उन्हें जान से मार देता है। इसने तलाक को मृत्यु से बड़ा समझ रखा है।

12.3. यह नारियों को भरण-पोषण दे कर उन्हें खरीदता है, इस तरह, यह नारियों को गुलाम बनाता है। यह उन्हें भरण-पोषण के लोभ और चक्कर में डाले रहता है। यह उन्हें स्वतंत्र नहीं होने देता।

12.4. द्विज समाज का कानून बालकों के विकास के खिलाफ पड़ता है। यह घर में नालायक और अयोग्य सन्तान पैदा करता है। यह उनकी रक्षा–"पूजिय विप्र ज्ञान गुण हीना'–जैसी चौपाई लिख कर करता है।

12.5. जार माँ-बाप जार बच्चों को पैदा करते हैं। यह बच्चों की रक्षा नहीं है। यह कोई स्वस्थ परम्परा नहीं है।

12.6. निस्संदेह, हिन्दुओं का विवाह कानून जारकर्मी जीवन के लिए बड़ा सहायक सिद्ध हो रहा है। यह जारकर्म की पुरजोर रक्षा करता है।

12.7. हिन्दुओं के कानून में विवाह का दर्शन जारकर्म का दर्शन है। ना-तलाक का कानून और व्यवहार हिन्दुओं को पूरी तरह अनैतिक बना कर छोड़ता है।

13.0. भरण-पोषण बच्चों के लिए हुआ करता है, बूढ़ों के लिए हुआ करता है और बीमारों तथा अपाहिजों के लिए हुआ करता है। हट्टी-कट्टी पत्नी के लिए भरण-पोषण का मतलब उसे गुलाम और जार बनाना है। ऐसा भरण-पोषण स्त्री का अपमान है। यह उसे पुनर्विवाह के लिए स्वतंत्र छोड़ देना नहीं हुआ। यह स्त्री को लोभी, हिप्पोक्रेट और निठल्ली बनाता है।

13.1. कोई भी भरण-पोषण स्त्री के लिए अपमानजनक है। तलाक के बाद वह पहले पति से भरण-पोषण की भीख न ले बल्कि पुनर्विवाह करके अपने नए पति से प्यार और सम्मान प्राप्त करे। पुनर्विवाह में भरण-पोषण सम्मिलित रहता है। भरण-पोषण की तुलना में पुनर्विवाह दुगनी प्राप्ति है।

13.2. भरण-पोषण या पुनर्विवाह–द्विज नारी को दो में से एक को चुनना है।

13.3. भरण-पोषण नहीं, पुनर्विवाह–यही नारी की गरिमा है।

13.4. रखैल नहीं, परित्यक्ता नहीं, बल्कि पत्नी–यही नारी का सम्मान है।

13.5. हिन्दू कानून में तलाक को असंभव बना कर तथा भरण-पोषण दे कर नारी के पुनर्विवाह को अकल्पनीय बना दिया गया है।

13.6. भरण-पोषण स्त्री को पुनर्विवाह न करने के लिए मनाना है जो उसे सख्त सजा भी है। यह सतीप्रथा और विधवा के पुनर्विवाह न होने की परम्परा में से निकला है।

13.7. भरण-पोषण में नारी का सम्मान नहीं है, द्विज नारी की मुक्ति उसके पुनर्विवाह में है।

13.8. एक भरण-पोषण की बात नहीं, द्विज समाज नारियों के पुनर्विवाह का दबाव पड़ने पर उन के घुटनों पर लौट जाएगा। बाद में, दबाव खत्म होने पर यह अपने कानून पुनः लागू कर देगा।

14.0. जिसे जारपन सहन है या पसन्द है उस हिन्दू व्यक्ति की मान्यता उस दलित व्यक्ति पर नहीं थोपी जानी चाहिए जिसे जारपन सहन नहीं है या पसन्द नहीं है।

14.1. कानून में सुलह और समझौते तथा कोर्ट में देरी का मतलब है कि जारकर्म जबरन सहन करवाया जा रहा है।

14.2. द्विज समाज को जारपन सहन है क्योंकि उनके यहाँ ऐसे मामलों में तलाक की परम्परा नहीं है लेकिन दलित समाज को जारपन सहन नहीं है क्योंकि उनके यहाँ ऐसे मामलों में तलाक की लम्बी परम्परा है।

14.3. हिन्दू कौम का विवाह कानून ना-तलाक वाली कौम का कानून है। द्विजों के सिद्धान्त में तलाक की मान्यता नहीं रही है लेकिन अब उन्होंने सिद्धान्त में हार जाने के बाद इसे व्यवहार में असम्भव बना दिया है।

14.4. 'ना-तलाक' का मतलब है कि कानून में जारकर्म की खुली छूट है। सच में ही, कानून में पति या पत्नी में से जारकर्म के लिए किसी को कोई दण्ड नहीं है।

14.5. इससे यही सिद्ध होता है कि यह 'हिन्दू–अर्थात एक जार कौम है' तथा यह 'हिन्दू कानून अर्थात–एक जार कौम का कानून' है।

14.6. हिन्दुओं के इस जार कौम के कानून से जो बचना चाहते हैं उन्हें बचने का मौका अवश्य मिलना चाहिए। जिन्हें जारकर्म सहन नहीं है उन्हें तलाक का रास्ता सुलभ होना चाहिए।

15.0. जारकर्म या तलाक–द्विज पुरुषों को दो में से एक को चुनना है।

15.1. जो कौम तलाक की इजाजत नहीं देती या उसे असम्भव बनाती है वह जारकर्म की खुली छूट देती है। जो कौम तलाक की इजाजत देती है वह जारकर्म के लिए कठोर सजा दे सकती है।

15.2. जारकर्म ज्यादा बड़ा अनाचार है क्योंकि इसमें व्यभिचार की कोई सीमा नहीं होती। तलाक एक शालीनता है जो सदैव मर्यादित है।

15.3. तलाक के द्वारा पुनर्विवाह का कानूनी रास्ता मिलना चाहिए। यही सभ्यता है। जारकर्म मनुष्य में असभ्यता का अवशेष है। जारकर्म एक कौम का दूसरी कौम पर दबंगपन भी है।

15.4. तलाक हो, जारकर्म नहीं–यही सम्मानजनक बात है। तलाक को स्थान मिले और जारकर्म दण्डित हो–यही दलित समाज का स्वस्थ दृष्टिकोण है।

15.5. तलाक की परम्परा दलितों की परम्परा है, इसमें द्विज लोग दलितों से कुछ सीख सकते हैं, उल्टे द्विज दलितों को कुछ सिखाने न बैठ जाएँ।

15.6. अब हिन्दू कानून में पुनर्विवाह के लिए दण्ड है, लेकिन जारकर्म के लिए किसी दण्ड की व्यावहारिक व्यवस्था नहीं है। यह कानून दलित जीवन के अनुकूल नहीं है।

15.7. तलाक की व्यवस्था न होने के कारण द्विज समाज की नारियाँ पिस रही हैं। न उन्हें तलाक दिया जाता है और न उन्हें तलाक लेने दिया जाता है। समस्या बनने पर उन्हें घरों में चुप मार दिया जाता है। इसके विपरीत, तलाक की व्यवस्था न होने के कारण दलित समाज में पीछे बताए गए सुनीता और तेजपाल के केस करवाए जा रहे हैं।

16.0. अन्त में, यह माना जा रहा है कि द्विजों ने कुटुम्ब न्यायालय अधिनियम, 1984 के तहत सुलह और समझौते के नाम पर घूम-फिर कर शब्दान्तर से अपने विवाह को अटूट और पवित्र संस्कार वाला ब्राह्म विवाह बना लिया है।

16.1. यह भी माना जा रहा है कि द्विजों ने जजों को सरकारी वेतन दिलवा कर अपने विवाह को ब्राह्म विवाह बनवाया है जो काम उन्हें अपनी निजी संस्थाओं के माध्यम से अपने खर्चे पर करवाना चाहिए।

16.2. यह माना जा रहा है कि सुलह और समझौते के नाम पर विवाह को ब्राह्म विवाह बनवाने में दलित विवाह अकारण पिस रहा है। इस प्रक्रिया में साझे कानून के कारण दलित विवाह को भी ब्राह्म विवाह बनाया जा रहा है।

16.3. लेकिन अब इस पुस्तक के माध्यम से दलित विवाह को ब्राह्म विवाह की साझेदारी और दासता से मुक्त किया जाता है।

सन्दर्भ

1. 'A contemporary observer reports that "a question that is agitating Hinduism at the present movement is as to whether these (untouchable) classes should be counted as Hindus or not. Ten years ago the answer would have been emphatically in the negative. Even now the conservative feeling of the country is for their exclusion. But the conscience of the more advanced section of the educated Hindus is a little sensitive on this point (Holderness 1911, 101-2). cf. Tinker 1962; 13, who reports that "as late as 1910, upper caste politician were demanding that (untouchables) should be excluded from the Hindu fold in the census."
   Competing Equalities : Law and the Backward Classes in India, Marc Galenter, Oxford University Press, YMCS building, Jai Singh Road, New Delhi-110001, Oxford India Paperbacks, 1991, p.-26.
2. Orthodox witnesses contended before us that marriage is an 'adhyatmic Sambandh' which is not only for this world but also for the next, and consequently that a woman should not be permitted to remarry after divorcing her hustand.
   Report of the Hindu Law Committee, 1947, p.-24.
3. There are however many Hindu communities, particularly in the lower social strata, in which divorce does prevail even today as a custom.
   ibid, page-24
4. India : Lok Sabha Debates, 04/05/1955, p.-7738
5. Is it not a fact that among 80 percent of our people for whom we speak, the Hindus, of whom we are proud, divorce is allowed by custom? Is their cultural life in any way different from the cultural life of the rest 15 or 20 percent? Does this 15 or 20 percent want to perpetuate their separatism?
   India : Lok Sabha Debates, 02/05/1955, p.-7426
6. Everybody knows that there are in this country a vast number of people such as for instance, the Adi Dravidas, the tribal people, the jungle tribes, the backward classes, the animists and so on and so on one can go on enumerating infinitism. What about them? Surely some provision will be made for them.
   India : Parliamentary Debates : Pt-II, 6/2/1951, p.-2469
7. The Hindu Code will apply to them only if it is proved that Hindu customs and Hindu usages are prevalent in that class, otherwise, they are free to do whatever they like.
   India : Parliamentary Debates : 6/2/1951, p.-2470
8. स्वामी करपात्री जी और उनका राजनैतिक दर्शन, डॉ. रामजी मिश्र, पृ. सं.-173
9. India : Lok Sabha Debates, Pt-II, 26.4.1955, p.-6497
10. India : Lok Sabha Debates, 02. 05. 1955, p.-7493
11. India : Lok Sabha Debates, 02.05.1955, p.-7312
12. India : Lok Sabha Debates, Pt-2, 26.4.1955, p.-6498
13. ibid, p.- 6499
14. ibid, p.- 6498
15. ibid, p.-6500
16. I do not know what do you mean by to preserve the institution of marriage and to promote the welfare of children. This is a very vague expression because you are laying stress on conciliation alone.
    India : Lok Sabha Debates, 27.08.1984, pp.- 191-92
17. Conciliation is good. You must try it. At the same time, separation is needed.

That must be given. There must be provision for that.
Lok Sabha Debates, 27.08.1984, pp. - 191-92

18. Lok Sabha Debates, 27.08.1984, p.-208
19. Lok Sabha Debates, 27.08.84, pp.-191-93
20. Lok Sabha Debates, 27.08.84, pp.-196-7
21. Regarding appeal, there is a provision. But I must say that we should not have an appeal to the High Court and the Supreme Court, but have one court of appeal from the family court, so that the matter will have speedier decision.
Lok Sabha Debates, 27.08.84, p.-206
22. Because, as it is the High Court and the Supreme Court are over burdened and the cases are lying pending for years together. Hence this appeal in High Court will take long time for decision.
Lok Sabha Debates, 27.08.84, p.-206
23. Then it must also be made clear in the Bill itself through a specific provision that these proceedings must conclude within a period of six months or a year from the date of its commencement.
Lok Sabha Debates, 27-08-84, p.-228.
24. We are introducing this type of courts for the first time. It is an experimental measure.......This is just a beginning; but a beginning has to be made some day......Let us make a start and see if disputes can get settled.
Lok Sabha Debates, 27.08.84, pp.-234-35.
25. Moreover, the essence of marriage is a sharing of common life, a sharing of all the happiness that life has to offer and all the misery that has to be faced in life, an experience of joy that comes from enjoying, in common, things of the matter and of the spirit and from showing love and affection on one's offspring. Living together is a symbol of such sharing in all its aspects. Living apart is a symbol indicating the negative of such sharing. It is indicative of a disruption of the essence of marriage–'breakdown' and if it continues for a fairly long period, it would indicate destruction of the essence of marriage–'irretrievable breakdown.'
Law Commission of India, 71st Report On the Hindu Marrigae Act, 1955–Irretrievable Breakdown of Marriage As a ground of Divorce, April 1978, p.-27
26. "Marriage is life-long co-habitation in the home. When the prospect of continuing co-habitation has ceased, the legal tie should be dissolved". Law Commission of India, 71st Report, p.-17.
27. Human life has a short span and situations causing misery cannot be allowed to continue indefinitely. A halt has to be called at some stage.
Law Commission of India, 71st Report, p.-19.
28. It would not be practical and realistic approach, indeed it would be unreasonable and inhumane, to compel the parties to keep up the facade of marriage even though the rift between them is complete and there are no prospects of their ever living together as husband and wife.
ibid., p.-1
29. There is something rather fine in human relationship provided they are good relationships. Otherwise, that relationship is the reverse of fine. It is awful. If they cannot fit into each other, if they are compelled to carry on together, they begin to hate each other and their life is bitter. The whole foundations of their existence are bitter. Surely that is not a sacrament.
India : Lok Sabha Debates, 05-05-1955, p.-7938

30. A petition for divorce on the ground of irretrievable breakdown of marriage as visualised by us would not make it necessary for the court to go into the question as to which party was at fault before granting a decree of divorce, and it would be enough to prove that the relations between husband and wife have reached such a breaking point that there is no possibility of reconciliation. This would obviate the necessity of producing evidence of acrimony and other incidents during the married life, some of which the parties may not like to reveal.
Law Commission of India, 71st Report, p.-3.

31. धर्मशास्त्र का इतिहास, प्रथम भाग, डॉ. पी. वी. काणे, अनुवादक, अर्जुन चौबे काश्यप, उत्तर प्रदेश हिन्दी संस्थान, महात्मा गांधी मार्ग, लखनऊ, तृतीय संस्करण, 1980, पृ.-346-47

32. न्याय चक्र : प्रधान सम्पादक–राम विलास पासवान, 15 अप्रैल से 14 मई, 1992, 12 जनपथ, नई दिल्ली-110001, पृ.-67-8

33. Dr. Ambedkar :

My ideals are derived from the Constitution that we have laid down. The Preamble of the Constitution speaks of liberty, equality and fraternity. We are therefore bound to examine every social institution that exists in the country and see whether it satisfies the principles laid down in the Constitution. Now, so far as your sacramental marriage is concerned, forgive me, I am quite convinced in my own mind that no man who examines that institution in a fair, honest and liberal spirit can come to the conclusion that our sacramental marriage satisfies either the ideal of liberty or of equality. What is the sacramental ideal of marriage? Sacramental ideal of marriage described in as few words as possible, is polygamy for the man and perpetual slavery for the woman.

An Hon. Member:

Wonderful description.

Dr. Ambedkar :

That is so because under no circumstances can a woman get her liberty from her husband, however bad he may be, however undesirable a person he may be. I want to put one question to the House. Are we for slavery or are we for free labour? What are we for? Now, in all economic matters, we have all long been insisting that there must be free labour. Slavery we shall not tolerate.

An Hon. Member:

Is this Slavery?

Dr. Ambedkar :

Now, what is the difference between slavery and free labour? I think if you examine it carefully, you will come to the conclusion that free labour means the ability and the capacity to break the contract when the necessity for breaking the contract arises.

Shri R.K. Chaudhari (Assam) :

And is this a contract?

Dr. Ambedkar :

Yes. I shall come to that.

Therefore, if the woman under the sacramental marriage is to get her freedom, then circumscribe as you may, the conditions for her getting her freedom, and as I said, I shall be quite prepared to consider any proposal that may be made by any member from any side of the House to narrow down the conditions of divorce that have been prescribed in the Bill as it stands. But if you mean to give liberty—and you cannot deny that liberty in view of the fact that you have placed it in your Constitution and praised the Constitution which guarantees liberty and equality to this institution to stand as it is. That is the reason why we are proceeding with the Bill and not because we want to imitate any other people or we want to go in for our ancient ideals which are today to my judgement, most archaic and impossible for anybody to practice.

India Parliamentary Debates : Pt. II. 20 September, 1951, pp.-2942-43.

34. Bill No. 23 of 1981
The Marriage Laws (Amendment) Bill, 1981
Statement of Objects and Reasons.

"2. The rationale for providing irretrievable breakdown of marriage as a ground for divorce in the Hindu Marriage Act would be applicable with even greater force to the Special Marriage Act, 1954, as that Act proceeds on the basis that a marriage is essentially contractual in nature."

P. Shiv Shankar

New Delhi
The 18th February, 1981

35. अम्बेडकर बनाम गांधी, एल. आर. बाली, आनन्द साहित्य सदन, अलीगढ़, 1994, पृ.-124

36. As anybody who has read this Bill can see, the conditions provided for divorce etc. are not easy. They are pretty difficult. For any one to say that this is something which will let loose licentiousness all over India is fantastic. There is no basis in fact for that.
India : Lok Sabha Debates, 05/5/1955, pp.- 7966-67

37. Move on to what even Buddha could not do.
India : Lok Sabha Debates : Pt. II, 20 September, 1951, p.- 2943

38. Prof. A.M. Shah, Department of Sociology, Delhi University, pointed out that divorce as well as remarriage were common among the lower castes; that since upper castes form a very small proportion of the total population of Hindus, the divorce law under the HMA applies to a very small section of the society and that in this section the view that marriage is indissoluble still persists. He stated that a certain subsection of the section, viz., urbanized and westernized section or modernized section was demanding liberalization of the divorce law and the proposed amendment would help this tiny section only.
Women : March Towards Dignity — Socio-Legal Perspectives, Edited by Kusum, Regency Publications, New Delhi,1993, p.-59.

39. 'Married Man' means any man who is married according to law and would include:
    (ii) a man whose marriage has been dissolved by a decree of divorce or annulment.

Harassed Husbands, Kusum, Regency Publications, New Delhi,1993, p.-60

40. This, however, is also not a very satisfactory provision as it does not work where, despite an utterly wrecked marriage, one of them does not want a divorce. The result is that the parties are neither divorced nor living together. They are inpelled to live together only in law.
Women : March Towards Dignity — Socio-Legal Perspectives, Edited by Kusum, Regency Publications, New Delhi, 1993, p.- 61
41. A forcibly maintained relationship and unavailabilty of divorce is also found to give rise to other unhappy situations like adultery, extra-marital relationships, delinquency amongst children and other forms of social maladjustments.
ibid, p. - 62
42. It is the public interest in private morality, as an institution, that is best served by terminating marriages that have failed. The outmoded policy of suspending in limbo the offending spouse is the wrong remedy in so far as public morality is concerned.
ibid, p. - 62
43. हिन्दू विधि : हिन्दू विवाह अधिनियम, 1955, सेन्ट्रल लॉ पब्लिकेशन्स, 107, दरभंगा कालोनी, इलाहाबाद, संस्करण 1994, पृ.-3
44. वही, पृ.-2
45. कुटुम्ब न्यायालय अधिनियम, 1984, एशिया लॉ एजेन्सी, 1, महात्मा गाँधी मार्ग, इलाहाबाद–211001, संस्करण 1994, पृ.-2-3
46. वही, पृ.-2-3
47. वही, पृ.-2-3
48. हिन्दू विधि : हिन्दू विवाह अधिनियम, 1955, सेन्ट्रल लॉ पब्लिकेशन्स, 107, दरभंगा कालोनी, इलाहाबाद, संस्करण 1994, पृ.-7
49. कुटुम्ब न्यायालय अधिनियम, 1984, एशिया लॉ एजेन्सी, 1, महात्मा गांधी मार्ग, इलाहाबाद–211001, संस्करण 1994, पृ.-5
50. दैनिक जागरण, मेरठ संस्करण, 25 अप्रैल, 1995
51. दैनिक जागरण, मेरठ संस्करण, 2 जनवरी, 1995
52. कुटुम्ब न्यायालय अधिनियम, 1984, एशिया लॉ एजेन्सी, 1, महात्मा गांधी मार्ग, इलाहाबाद–211001, संस्करण 1994, पृ.-6
53. कौटिलीय अर्थशास्त्रम्, व्याख्याकार वाचस्पति गैरोला, चौखम्बा विद्याभवन, पो. बा. नं. 69, वाराणसी–221001, तृतीय संस्करण, 1984, पृ-406
54. श्रीमती जोर्डन डिंगडेह बनाम एस. एस. चोपड़ा (न्या. चिन्नप्पा रेड्डी) उच्चतम न्यायालय पत्रिका (1985) : 4 : उम. नि. प. : 834 (838)
55. वही, पृ.-838
56. श्रीमती चन्द्रकला त्रिवेदी बनाम डॉ. एस. पी. त्रिवेदी, 24 अगस्त, 1993 : न्या. एस. रतनावेद पान्डियन और न्यायमूर्ति आर. एम. सहाय
57. वही
58. वही
59. कुटुम्ब न्यायालय अधिनियम, 1984, एशिया लॉ एजेन्सी, 1, महात्मा गांधी मार्ग, इलाहाबाद–211001, संस्करण 1994, पृ.-2-3
60. हिन्दू विधि, चन्द्रनाथ झा, सुविधा ला हाउस, 28, मालवीय नगर, रोशनपुरा, भोपाल–462003, संस्करण 1991, पृ.-67
61. भारत का संविधान, 1 सितम्बर, 1991 को यथाविद्यमान, भारत सरकार, विधि, न्याय और कम्पनी कार्य मन्त्रालय, विधायी विभाग, राजभाषा खंड, प्रकाशन-नियन्त्रक, सिविल लाइन्स, दिल्ली–110054, तीसरा संस्करण 1991, पृ.-5

अध्याय-3

वर्णसंकरता और रक्तमिश्रण

हर कोई व्यक्ति अपनी सन्तान के लिए काम किया करता है। व्यक्ति अपनी सन्तति को पालता है, उसकी रक्षा करता है और अन्त में अपनी सम्पत्ति उसे दे जाता है। दुनिया की सारी लड़ाइयाँ इस बात की हैं कि गैर की सन्तान मेरी सम्पत्ति को न छीन ले और सारी सम्पत्ति मेरी औलाद को मिले। सारे कानून इसी बचाव के लिए खड़े किए गए हैं, विवाह की संस्था इसीलिए अस्तित्व में आई है और धर्मों के पूजा-पाठ इसी की शक्ति के लिए किए जाते हैं। कहा जा सकता है कि सभ्यता का एक महत्वपूर्ण मापदण्ड यह हो सकता है कि व्यक्ति अपनी सन्तान के लिए जीता और मरता है। देश को बचाने के लिए वीरगति पाने में यही मूल भावना काम करती है। लेकिन दलित और द्विज के बीच इस बात को ले कर क्या चल रहा है? क्या ये दोनों वर्ग एक ही नस्ल के हैं? क्या ये अलग-अलग नस्लों के लोग हैं? पूछा जा सकता है कि इन प्रश्नों को ले कर इनका आदि काल क्या था और इनकी आज की स्थिति क्या है।

कई इतिहासकारों का मत है कि ये दोनों भिन्न नस्लों के लोग हैं। इन्हें वे आर्य और अनार्य नामों से समझना चाहते हैं। उन का कहना है कि आर्य इस देश में बाहर से हमलावर बन कर आए थे और उन्होंने यहाँ के मूल निवासियों को हराया था। खुद मूल निवासियों में कई नस्लों के लोग माने जाते हैं। लेकिन इतिहास के कुछ दूसरे विद्वान इस मत को नहीं मानते कि आर्य इस देश में बाहर से आए थे। वे आर्य और अनार्य में नस्लगत भेद नहीं मानते। उनके लिए ये समाजशास्त्र और भाषा-विज्ञान के दूसरे अर्थों वाले शब्द हैं। लेकिन दलित और द्विज के बीच कटुता और घृणा की व्याख्या जरूर की जानी है। इस का आधार नस्लगत ठहरता है तो इसे मानने में ईमानदारी बरती जानी चाहिए। साथ ही, उस जगह की भी व्याख्या की जानी चाहिए जब नस्लों का और गैर-नस्लों का अन्तर गड़बड़ाता हुआ समाप्त हो जाता है। इस के लिए हमें हिन्दुओं के प्राचीन कानूनों से ले कर आज तक के वैवाहिक कानूनों की यात्रा करनी पड़ेगी। उस यात्रा से बहुत कुछ उजागर होता है।

ऊपर यह मान्यता खड़ी की गई है कि व्यक्ति अपनी सन्तान के लिए सब कुछ करता है। यह एक मजबूत प्रस्थापना है। यह टूटने लायक चीज नहीं है। लेकिन यदि यह स्थापना टूट जाए तो कैसा लगेगा? चिन्तन के क्षेत्र में वह एक धक्का-सा है। लेकिन स्थापना का यह टूटना क्या है? यह वही है कि कोई व्यक्ति अपनी सन्तान के लिए कुछ

नहीं करता। संन्यास आदि की बाहरी स्थितियों को छोड़ कर यह लौकिक रूप से इस मायने में टूटना हो जाएगा कि किसी व्यक्ति पर यह पाबन्दी लगा दी जाए कि वह अपनी सन्तान को नहीं पालेगा और दूसरे की सन्तान को पालेगा। साफ-साफ आदेश दिया जा सकता है कि वह अपने पुत्र को अपना पुत्र नहीं कहेगा और दूसरे के पुत्र को अपना पुत्र कहेगा। आगे बताया जाएगा कि हिन्दू समाज व्यवस्था में ऐसा लगातार हो रहा है।

विवाह से परिवार की वैधता शुरू होती है। एक पुरुष एक स्त्री से विवाह करता है और उस विवाह से जो सन्तान जन्म लेती है वह उस की धर्मज सन्तान है और उसे उत्तराधिकार में सम्पत्ति मिलती है। लेकिन ऐसा तब तक है जब तक सब कुछ ठीक-ठीक चलता है। लेकिन मनुष्य की सन्तान विवाह से बाहर भी जन्म लेती है। विवाह से बाहर वह जारकर्म और बलात्कार का रास्ता है जिस से सन्तान जन्म लेती है। वह वेश्यावृत्ति भी हो सकती है। कोई सभ्यता तभी अच्छी कही जा सकती है जब वह विवाहबाह्य जारकर्म, बलात्कार और वेश्यावृत्ति पर रोक लगाए।

कानून में यह देखना होता है कि कानून की गाज किस पर गिरती है क्योंकि जो कानून है वह सारे लोगों पर एक-सा लागू नहीं होता। आज के हिन्दू कानून में 'आठ बटा नौ भाग' वह है जो लिखित रूप में दीखता नहीं है और जो लोगों और वर्गों के वर्तमान व्यवहार पर छोड़ दिया गया है। यह बात इसलिए कही जा रही है कि जबकि हिन्दू समाज में दलित और द्विज नाम के दो स्पष्ट विभाजन मौजूद हैं तो किसी एक कानून का अर्थ दलित और द्विज के लिए समान नहीं माना जा सकता। आरक्षण को ले कर समता के सिद्धान्त में यह अन्तर एकदम स्पष्ट दीखता है लेकिन नस्लों के रक्त सम्मिश्रण में यह उससे भी ज्यादा स्पष्ट दीख सकता है।

प्राचीन हिन्दू कानून में पुत्रों के बारह प्रकार माने गए हैं। कुछ शास्त्रों में इन की संख्या तेरह भी दी गई है। डॉ. पी. वी. काणे ने एक तालिका बना कर 15 ग्रन्थों की प्रामाणिकताओं से इन के क्रम दिए हैं।[1] यहाँ विशेष प्रयोजन के लिए तीन प्रकार के पुत्रों की चर्चा की जाएगी। इनके नाम कानीन, सहोढ़ और गूढ़ज हैं। परिभाषा के अनुसार, 'कानीन पुत्र वह है जिसे अविवाहित (कुमारी) कन्या अपने पिता के घर में गुप्त रूप से जनती है, और जो उस का पुत्र हो जाता है जिसे वह आगे चल कर ब्याहती है।'[2] सहोढ़ (वधू अर्थात दुलहिन के साथ प्राप्त) उस स्त्री का पुत्र है जो विवाह के समय गर्भवती रहती है, चाहे यह बात होने वाले पति को ज्ञात हो या अज्ञात हो; यह पुत्र उस का पुत्र कहलाता है जो गर्भवती से विवाह करता है।[3] गूढ़ज उसे 'कहा जाता है, जो किसी के घर में जन्म लेता है, किन्तु उस के पिता (जन्मदाता) का पता नहीं होता; वह उसी का होता है जिस की पत्नी से वह उत्पन्न होता है।'[4] आगे डा. काणे ने लिखा है कि 'गूढ़ज, कानीन एवं सहोढ़ के विषय में यह कहा जा सकता है कि वे अवैधानिक संसर्ग के फल हैं।'[5] इस अवैध यौन-सम्बन्ध पर बोलते हुए रजनी कान्त शास्त्री ने अपनी पुस्तक में पूछा है—"हिन्दू जाति अपनी प्राचीन सभ्यता का घोर घमण्ड रखती है; पर इस

सभ्यताभिमानी जाति से पूछना चाहिए कि यदि तुम्हारे प्राचीन पूर्वज सभ्य थे तो वे जारकर्म को कुत्सित कर्म क्यों नहीं समझते थे। यदि वे सभ्य थे तो उन की स्त्रियाँ गाय आदि पशुओं की तरह स्वेच्छाचारिणी क्यों थीं?''[6]

बात सीधे विवाह पर लाई जाए। प्राचीन हिन्दू कानून में विवाह दो प्रकार के माने गए हैं—सवर्ण विवाह और असवर्ण विवाह। असवर्ण विवाह के पुनः दो भाग किए गए हैं—अनुलोम विवाह और प्रतिलोम विवाह। ''सब से उत्तम सवर्ण विवाह होता है जिस में स्त्री-पुरुष दोनों एक ही वर्ण के होते हैं। तत्पश्चात अनुलोम विवाह मध्यम श्रेणी का और प्रतिलोम विवाह सब से निकृष्ट श्रेणी का समझा गया है।''[7] ''यदि स्त्री-पुरुष के वर्ण एक-दूसरे से भिन्न हों तो उन के विवाह को असवर्ण विवाह कहते हैं।''[8] रजनी कान्त शास्त्री लिखते हैं कि 'पुराणों में हम अनुलोम विवाहों की भरमार देखते हैं; पर प्रतिलोम विवाह मुश्किल से जहाँ-तहाँ मिलते हैं।'[9] उन्होंने अपनी पुस्तक में हिन्दू समाज के ऐसे प्रतिष्ठित तथा कर्णधार महानुभावों के 15 उदाहरण दिए हैं जिन्होंने अपने व्यक्तिगत जीवन में असवर्ण विवाह किए थे।[10]

यह एक बात हुई। दूसरी बात में अनुष्ठान की दृष्टि से हिन्दू शास्त्रों में आठ प्रकार के विवाह माने गए हैं। यहाँ अपने विशेष प्रयोजन के लिए उन में से केवल दो प्रकार के राक्षस विवाह और पैशाच विवाह को लिया जा रहा है। राक्षस विवाह के बारे में लिखा गया है कि 'कन्या के पक्ष वालों को मार कर, उन के अंगों को काट कर और किले की दीवार को तोड़ कर, हाय पिता! हाय भाई! अनाथ मैं हरी जाती हूँ, ऐसी कहती हुई और आँसुओं को छोड़ती हुई कन्या को उस के घर से जो बलपूर्वक हर लेता है, उस को राक्षस विवाह कहते हैं।'[11] पैशाच विवाह के बारे में लिखा गया है कि 'सोई हुई, मद्य से व्याकुल व अपने शील की रक्षा से रहित कन्या के साथ जो एकान्त में मैथुन करता है, वह सब पापों की जड़ तथा सब विवाहों में अधम पैशाच विवाह है।'[12] रजनी कान्त शास्त्री ने पूछा है कि 'राक्षस विवाह क्षत्रिय जाति के लिए प्रशस्त माना गया है जिस का मुख्य कर्त्तव्य दूसरे की और विशेष कर के अबला जाति की जान और माल तथा इज्जत और आबरू की रक्षा करना है। इस लिए जहाँ के रक्षक ही भक्षक हैं, वहाँ की प्रजा (की) खैरीयत कहाँ'[13] है? पैशाच विवाह के बारे में रजनी कान्त शास्त्री लिखते हैं कि 'हमारे पवित्र धर्मग्रन्थ ऐसे पशुओं के मैथुन को पैशाच नामक एक वैध विवाह ही मानते हैं।'[14] वे लिखते हैं—''मनु का ऐसे विवाह के लिए केवल 'अधम' शब्द का प्रयोग करना काफी नहीं है उन्हें तो इस की गणना अपनी स्मृति के आठवें अध्याय में विविध घोर अपराधों में कर इस के लिए कठोर दण्ड की व्यवस्था कर देनी चाहिए थी। पर उन्होंने ऐसा नहीं किया। पराए की बहू-बेटियों को उन के साथ जबर्दस्ती शादी करने की बुरी नीयत से इस प्रकार उड़ा ले जाने तथा नींद व नशे के कारण सतीत्व-रक्षण के प्रति असावधान अबलाओं के सतीत्वापहरण को भी शास्त्रीय विवाह भेद बतलाना हमारे प्राचीन सभ्यमान्य पूर्वजों की विलक्षण सभ्यता की परमोज्ज्वल बानगियाँ हैं।''[15]

डॉ. अम्बेडकर ने मिश्रित जातियों के बारे में अपनी पुस्तक 'रिडल्स इन हिन्दुइज्म' में एक पूरा अध्याय लिखा है। इस में उन्होंने सब से पहले मनु के अनुसार व्रात्य ब्राह्मण, व्रात्य क्षत्रिय और व्रात्य वैश्यों की सूची दी है।[16] फिर 'फालन कास्ट्स' की सूची दी है। इस के बाद आर्यों की वर्णसंकर जातियों की सूची दी है। आर्यों के अनुलोम और प्रतिलोम वर्णसंकरों की तथा अनुलोम और प्रतिलोमों के आपसी विवाहों से उत्पन्न जातियों की सूचियां भी दी गई हैं। डॉ. अम्बेडकर बताते हैं कि औसनास स्मृति तथा बौधायन स्मृति ने इन में चार-चार जातियाँ और जोड़ी हैं। वशिष्ठ स्मृति ने एक तथा याज्ञवल्क्य स्मृति ने मनु की सूची में दो नई जातियाँ जोड़ी हैं। सब से ज्यादा सुत संहिता ने इस संख्या में 63 जातियों के नाम जोड़े हैं। डॉ. अम्बेडकर ने वे दृष्टान्त भी दिए हैं जिन जातियों के माता-पिता के वर्णों के बारे में विभिन्न स्मृतियों में मतभेद हैं। डॉ. अम्बेडकर ने जातियों की ऐसी उत्पत्ति के सिद्धान्त को सही नहीं माना लेकिन यहाँ हमारा उद्देश्य इतना जानने का है कि ऐसा मनु आदि स्मृतिकारों ने सिद्धान्त दिया है। हम केवल यह मान कर चल रहे हैं कि समाज में जो विभिन्न जातियाँ थीं, उन की उत्पत्ति कुछ भी रही हो, लेकिन वर्ण-व्यवस्था की भाषा में भी उन्हें कोई-न-कोई नाम दिया जाता था। आखिर, हिन्दू स्मृतिकारों को जातियों के सामाजिक तथ्यों की अपनी अलग व्याख्या देने की मजबूरी बन गई थी। हम केवल यह मान सकते हैं कि दलितों और द्विजों में रक्त सम्मिश्रण हुआ है।

यदि रक्त सम्मिश्रण की बात ली जाए तो आज का जेनेटिक्स और चिकित्सा विज्ञान इस में हमारी पूरी-पूरी मदद करता है। आधुनिक चिकित्सा विज्ञान की पुस्तकों में 'ABO' रक्त समूह के सिद्धान्त में माता-पिता के रक्त से बच्चे में जाने वाले रक्त समूह का पता चल जाता है। इस तालिका से यह पता चल जाता है कि बच्चे का कौन पिता हो सकता है और कौन पुरुष बिल्कुल पिता नहीं हो सकता।[17] वह तालिका इस प्रकार है:

तालिका

रक्त समूह के ए बी ओ सिस्टम में सन्तान की पैतृकता

	Phenotypes of Children	
Phenotypes of Parents	**Possible**	**Impossible**
A × A	A and O	B and AB
A × B	A, B, O and AB	None
A × AB	A, B and AB	O
A × O	A and O	B and AB
B × B	B and O	A and AB
B × AB	A, B and AB	O
B × O	B and O	A and AB
AB × AB	A, B and AB	O
AB × O	A and B	AB and O
O × O	O	A, B and AB

पैतृकता की जाँच में इस से आगे HLA और DNA के टेस्ट हैं जिन से केस बच कर नहीं जा सकता। भारत की जनसंख्या में ABO सिस्टम में 22% A, 33% B, 5% AB तथा 40% O रक्त समूह का है।[18]

श्री के. एस. सिंह की पुस्तक 'शेड्यूल्ड कास्ट' में नृवंशशास्त्र की खोज है कि दिल्ली के चमारों में जीन A उत्तर भारत के अन्य चमारों की तुलना में अधिक है।[19] जबकि उत्तर प्रदेश के चमारों में जीन A के 18 प्रतिशत है, दिल्ली के चमारों में यह 26 प्रतिशत है।[20] लेकिन यहाँ दिल्ली और उत्तर प्रदेश के चमारों के अन्तर का भी मुद्दा नहीं है। इस की अलग से व्याख्या की जा सकती है कि दिल्ली में जारकर्म और बलात्कार ज्यादा हुए हैं लेकिन उत्तर प्रदेश में भी यह प्रतिशत 18 तक का क्यों है? जब चमारों की बेटियों के जीन A वाले पुरुषों से विवाह नहीं हुए हैं तो यह जीन A जारकर्म और बलात्कार के सिवा किस अन्य माध्यम से आया है? सच्चाई यह है कि अछूत कन्या के साथ संभोग करने से जीन A का पुरुष परहेज नहीं करता। श्रीमती फूलन देवी ने इस ढोंग को उजागर करते हुए कहा है–"यहाँ पानी कुएँ से ले जाने, जूता-चप्पल पहनने, मूँछें रखने व अपने व अपने बेटे को घोड़ी पर चढ़ाने के मामले में तो छुआछूत चलता है, मगर किसी गरीब की बेटी की इज्जत लूटने के मामले में छुआछूत नहीं चलता। बल्कि 'बड़े लोग' ऐसा करना अपना हक समझते हैं।"[21] यहाँ यह भी बताया जा सकता है कि किसी भी प्रकार की अस्पृश्यता के व्यवहार में द्विज हिन्दू भ्रम में नहीं है। वह केवल चालाक है। ऐसा नहीं है कि वह मानता हो कि चमार से भिड़ जाने से वह सच में अपवित्र हो जाता है। वह ऐसा तभी तक व्यवहार करता है जब तक उस की चलती है या चल जाती है। जहाँ उसकी नहीं चलती वह अपना दूसरी तरह से व्यवहार करता है। जब उसे जरूरत पड़ती है, वह चमारों से हाथ मिला लेता है। उस ने आपद्धर्म और प्रायश्चित के तरीके निकाल रखे हैं। एक नायर व्यक्ति हाथ में चोट लगने पर अछूत व्यक्ति से पट्टी बँधवा सकता है।[22]

लेकिन डॉ. पी. वी. काणे ने अपने हिन्दू शास्त्रों का बचाव करते हुए लिखा है–"गूढ़ज, कानीन एवं सहोढ़ के विषय में यह कहा जा सकता है कि वे अवैधानिक रांसर्ग के फल हैं किन्तु किसी के द्वारा तो उन का पालन-पोषण होना ही चाहिए। किसी को तो उन की जीविका के लिए प्रबन्ध करना चाहिए ही और किसी को तो उन का अभिभावक होना ही पड़ेगा।"[23] इसी तर्क के आधार पर वे आगे लिखते हैं–"जब स्मृतियाँ उन्हें उन की माता के पति की संतति रूप में ग्रहण करती हैं तो यह स्पष्ट हो जाता है कि उन्होंने उन के भरण-पोषण की व्यवस्था कर दी है।"[24] उन्होंने कानीन के बारे में लिखा है–"कानीन कुमारी कन्या का पुत्र है, अतः वह तब तक अपनी कुमारी माता के पिता के यहाँ रहता है जब तक उस की माता विवाहित न हो जाए (याज्ञ. 2/129), किन्तु जब कुमारी विवाहित हो जाती है तो वह उस के (माता के) पति के संरक्षण में चला जाता है (मनु 9/172)। इस बात से स्पष्ट है कि पुत्रवती कुमारी से

विवाह करने के लिए जो व्यक्ति सन्नद्ध होता है वह उस के पुराने दोषों को क्षमा कर देता है। इसी भाँति सहोढ़ के विषय में भी कहा जा सकता है कि या तो वह विवाह करने वाले से उत्पन्न हुआ है या उस के होने वाले पति ने अपनी होने वाली पत्नी के दोषों को क्षमा कर दिया है। इस से प्रकट होता है कि जब इस प्रकार से पति ने प्रकट रूप से कोई विरोध नहीं किया तो किसी को भी यह कहने का अधिकार नहीं है और न प्रमाण उपस्थिति करने की आवश्यकता है कि कानीन या सहोढ़ पुत्र छोड़ दिया जाए। यह बात गूढ़ज के विषय में भी प्रयुक्त है।''[25] लेकिन भारत की सुप्रीम कोर्ट के एक महत्वपूर्ण निर्णय में देखा जाएगा कि यह विवाहित पति की क्षमा नहीं है बल्कि वह पुत्र उस पर थोप दिया जाता है। प्रश्न यह है कि ऐसे थोपने से जारकर्म कैसे रुक सकेगा। रजनी कान्त शास्त्री अपनी पुस्तक में ऐसे एक बलात्कार का वर्णन करते हैं। वे महाभारत के आदिपर्व के 122वें अध्याय के श्लोक 14 में पाण्डु की कुन्ती से हुई चर्चा के बारे में लिखते हैं–''श्वेतकेतु के सामने ही कोई ब्राह्मण उस की माता का हाथ पकड़ कर उसे बलपूर्वक किसी अंन्य स्थान में कुकर्म करने के लिए खींचने लगा। इस अनुचित कार्य को देख कर मारे क्रोध के श्वेतकेतु के ओंठ काँपने लगे। तब उस के पिता उद्दालक ने (उस से) कहा,.....''हे तात! क्रोध मत करो; यह सनातन धर्म है। इस भूमण्डल में सभी वर्णों की स्त्रियाँ बिना किसी बन्धन के हैं।''[26] ऐसा ही एक अन्य उदाहरण सत्यकाम जाबाल का है जिस की माँ दासी थी और उस के साथ अन्यान्य ब्राह्मण जारकर्म करते थे।[27]

विचारणीय प्रश्न यह है कि ऐसी जारज सन्तान को लोक सेवाओं में आरक्षण देने में द्विज समाज को क्या आपत्ति होनी चाहिए। आखिर, यह उन्हीं की सन्तान को आरक्षण मिल रहा है क्योंकि दलित घरों में यह कानीन, सहोढ़ और गूढ़ज सन्तान उन्हीं की हैं। खुद उन की स्मृतियों ने वर्णसंकरता के नाम से इन लोगों को अपनी जारज सन्तान घोषित किया है। 'मनु (9/155) ने उस पुत्र को, जो तीन उच्च वर्णों के पुरुष की अविवाहिता शूद्रा से उत्पन्न हुआ है, पैतृक सम्पत्ति के भाग का उत्तराधिकारी नहीं माना है।'[28] 'मिताक्षरा' एवं व्यवहार मयूख ने याज्ञ. (2/133-134) की व्याख्या में कहा है कि दासी शूद्रा से उत्पन्न अवैधानिक पुत्र को पिता की इच्छा से या मरने के उपरान्त भी आधी सम्पत्ति नहीं मिलनी चाहिए।[29] मिताक्षरा (याज्ञ. 1/90) का कथन है कि कानीन, सहोढ़ एवं गूढ़ज व्यभिचार के फल होने के कारण अपनी माता के पति की जाति के नहीं कहे जा सकते, वे सवर्ण पुत्रों, यहाँ तक कि अनुलोम एवं प्रतिलोम पुत्रों से भी वास्तव में भिन्न हैं।[30] हिन्दुओं के धर्मशास्त्रों में बारह प्रकार के पुत्रों में एक अन्य पुत्र शौद्र है। डॉ. काणे ने लिखा है कि 'मनु (9/718) एवं याज्ञ. (1/91) ने शौद्र को ब्राह्मण की शूद्रा पत्नी से उत्पन्न माना है।'[31] 'कतिपय लेखकों ने शौद्र को छोड़ दिया है, यथा पुराने लेखक गौतम, कौटिल्य एवं हारीत'[32] ने। इस छोड़ने का मतलब और भी दुखदायी है क्योंकि तब उसे किसी भी प्रकार का पुत्र होने की मान्यता नहीं मिलती।

डॉ. काणे ने इसी जगह सूचना दी है कि 'विष्णु धर्मसूत्र (15/17) ने 'यत्र-क्वचोनत्पादित' (कहीं भी उत्पन्न किया गया) को बारहवाँ एवं अन्तिम पुत्र माना है। वैजयन्ती ने इसे दो प्रकार से समझाया है–(1) ऐसी स्त्री से उत्पन्न, जो उत्पन्न करने वाले की अपनी हो या दूसरे की पत्नी हो–यह न पता चले, या अपनी जाति की हो या दूसरी जाति की हो, चाहे विवाहोपरान्त उस से पुरुष-संसर्ग हुआ हो या न हुआ हो; (2) ऐसी स्त्री का पुत्र जो शूद्रा हो और अविवाहित हो। अन्तिम अर्थ में भी वह शौद्र नहीं कहलाएगा।'[33] फिर, इस कहीं भी उत्पन्न किए गए पुत्र की तुलना में यह शौद्र पुत्र भी क्या है? डॉ. काणे हमें पुनः सूचना देते हैं कि 'वह पुत्र, जो किसी ब्राह्मण द्वारा विषयासक्त होने पर किसी शूद्रा पत्नी से उत्पन्न किया जाता है, पारशव (या शौद्र) कहलाता है, क्योंकि वह जीवित रहते भी शव के समान है।'[34] इस में भी यदि शूद्रा का पति 'ब्राह्मण हो तो उस की सन्तान पारशव (निषाद), क्षत्रिय हो तो उग्र तथा वैश्य हो तो सूचिक (दरजी) होती है।'[35] पुनः पूछा जा सकता है कि ऐसे बड़े हुए बालकों को आरक्षण की सुविधा देने में द्विजों को क्या आपत्ति हो सकती है। यह क्यों नहीं माना जा रहा है कि दलित उम्मीदवार द्विज उम्मीदवारों के पिता की तरफ से सगे भाई हैं? ये ब्राह्मण पिता भी कितने कमजोर हैं कि एक स्त्री से पैदा अपनी सन्तान को सब कुछ देते हैं लेकिन दूसरी स्त्री से पैदा अपनी सन्तान को छदाम तक नहीं देते। लेकिन किसी स्मृतिकार ने ऐसा प्रबन्ध नहीं किया कि ब्राह्मण की ऐसी नाजायज सन्तान पैदा न हो।

यह पुराने कानून की बात हुई लेकिन आज का हिन्दू कानून क्या कह रहा है? अधिवक्ता चन्द्रनाथ झा ने अपनी पुस्तक 'हिन्दू विधि' में लिखा है–"अधर्मज सन्तान अपनी माता से सम्बन्धित माने जाएँगे और एक-दूसरे से सम्बन्धित माने जाएँगे तथा उन के धर्मज वंशज उन से तथा एक-दूसरे से सम्बन्धित माने जाएँगे। इसलिए किसी सहदायिक के अधर्मज सन्तान को सहदायिकी सम्पत्ति में उत्तराधिकार का हक नहीं होगा और न अधर्मज पुत्र सहदायिक बन सकेगा।"[36] इस का उदाहरण देते हुए अधिवक्ता ने लिखा है–"जैसे एक हिन्दू पुरुष 'क' का अवैध सम्बन्ध एक महिला 'ख' से हो गया जिस से अधर्मज पुत्र 'ग' और पुत्री 'घ' उत्पन्न हुए तो दोनों अधर्मज पुत्र एवं पुत्री अपने पिता से उत्तराधिकार के मामले में सम्बन्धित नहीं हैं और पिता की सम्पत्ति में उत्तराधिकार का हक नहीं है किन्तु दोनों अधर्मज पुत्र-पुत्री अपनी माँ से सम्बन्धित हैं और एक-दूसरे से सम्बन्धित हैं तथा माता की सम्पत्ति के उत्तराधिकारी हैं और माता अपने अधर्मज पुत्र की सम्पत्ति की उत्तराधिकारिणी है।"[37] लेकिन इतना भर कहने से हिन्दू विधि की बात पूरी नहीं हो जाती बल्कि यह नियम बदल जाता है यदि यह शूद्र का केस होता है। अधिवक्ता झा ने '1975 एम. पी. एल. जे. नोट 133 : मुसम्मात गौरिया दि. गुलाब' के हवाले से बताया है कि 'पुराने शास्त्रिक हिन्दू विधि के अनुसार शूद्र के अवैध पुत्र (को) वैध पुत्र....(की) आधी सम्पत्ति उत्तराधिकार में पाने का अधिकार था अर्थात् यदि वह वैध पुत्र होने के नाते जो सम्पत्ति उत्तराधिकार में पाता उस

की आधी सम्पत्ति अवैध पुत्र होने के कारण उत्तराधिकार में प्राप्त करेगा।'[38] उन्होंने इस निर्णय का दृष्टान्त बताते हुए लिखा है–" 'क' शूद्र की मृत्यु 1950 में हुई तब उस की शादीशुदा प्रथम पत्नी से एक पुत्र 'ख' था क्योंकि प्रथम पत्नी की मृत्यु हो चुकी थी तथा एक रखैल स्त्री 'ग' एवं रखैल स्त्री से एक पुत्र 'घ' था। पुराने हिन्दू लॉ के अनुसार 'क' की सम्पत्ति में 1/4 हिस्सा अवैध पुत्र 'घ' और 3/4 हिस्सा औरस पुत्र 'ख' को प्राप्त होगा। अवैध पुत्र 'घ' की मृत्यु 1958 में हुई जब कि उत्तराधिकार अधिनियम, 1956 प्रभावशील हो चुका था इसलिए 'घ' की मृत्यु होने पर उस के 1/4 हिस्सा को माँ 'ग' (क की रखैल) उत्तराधिकार में पाएगी।"[39] ऐसा एक निर्णय तेजपाल बनाम रूपचन्द का है जिस में शूद्र के अधर्मज पुत्र को कृषि भूमि में उत्तराधिकार दिया गया है।[40]

यहाँ देखा जा सकता है कि एक ही कानून द्विज के लिए अलग है और दलित के लिए अलग है। यदि कोई दलित स्त्री द्विज पुरुष की रखैल बनेगी तो उस के पुत्र को कुछ नहीं मिलेगा लेकिन यदि कोई द्विज स्त्री दलित पुरुष की रखैल बनेगी तो उस के पुत्र को उत्तराधिकार में हिस्सा मिलेगा। यह मातृसत्ता और पितृसत्ता समाजों का अन्तर है लेकिन इस में दलित के नुकसान में मातृसत्ता और द्विज के फायदे में पितृसत्ता लागू की जाती है। इस कानून का अन्तिम असर अनुलोम और प्रतिलोम पर जा कर पड़ता है।

संदर्भ

1. धर्मशास्त्र का इतिहास, डॉ. पी. वी. काणे, द्वितीय भाग, पृ.-881
2. वही, पृ.-883
3. वही, पृ.-883
4. वही, पृ.-883
5. वही, पृ.-885
6. हिन्दू जाति का उत्थान और पतन, पृ.-52-3
7. वही, पृ.-54
8. वही, पृ.-53
9. वही, पृ.-54
10. वही, पृ.-55
11. वही, पृ.-61-2
12. वही, पृ.-62
13. वही, पृ.-62
14. वही, पृ.-63
15. वही, पृ.-63
16. डॉ. बाबा साहेब अम्बेडकर : राइटिंग्स एण्ड स्पीचेज, वोल्यूम 4, पृ.-215
17. Modi's Textbook of Medical Jurisprudence and Toxicology, Section I, Edited by C.A. Franklin, Twenty First Edition, Third Reprint, 1992, N.M. Tripathi Private Limited, Shamaldas Gandhi Marg, Bombay-400002, p.-108
18. ibid., p.-119
19. "The Chamars of Delhi show an excess of gene A (26 percent) at the expense of genes O (50 percent) and B (24 percent), which in general is not a common pattern in The North Indian Communities in general. They show a greater insidence of r (18 percent) and R_0 (13 pecent) and moderate frequencies of R_2 (6 percent) and consequently lower values of the common haplotype R_1 (41 percent) in comparison to the general pattern observed in the region for this gene-----They exhibit a relatively higher value of gene N frequency (41 percent) and a more or less similar value of the Hp I........compared to other north Indian communities. Colour-blind males among them are relatively

higher in number (6.5 percent)."
The Scheduled Castes, K.S. Singh, Oxford University Press, 1993, pp.-313-14.

20. "In Uttar Pradesh, The Chamar(s)......show a very high gene B (27-29 percent) which predominates over gene A (18 percent), A_2 being 3-4 percent. In Rh blood group, the frequency of negative individuals ranges from 8-9 percent." ibid., p.-302.
21. नवभारत टाइम्स, नई दिल्ली, दिनांक 11.7.1996
22. भारत में जाति प्रथा, पृ.-212 टिप्पणी
23. धर्मशास्त्र का इतिहास, द्वितीय भाग, डॉ. पी. वी. काणे, पृ.-885-86
24. वही, पृ.-886
25. वही, पृ.-886
26. हिन्दू जाति का उत्थान और पतन, रजनी कान्त शास्त्री, पृ.-53
27. छान्दोग्योपनिषद, सानुवाद शांकर भाष्य सहित, गीता प्रेस, गोरखपुर, षष्ठ संस्करण, सम्वत् 2028, पृ.-380-85
28. धर्मशास्त्र का इतिहास, डॉ. वी. पी. काणे, द्वितीय भाग, पृ.- 949
29. वही, पृ.-949
30. वही, पृ.-886
31. वही, पृ.-881
32. वही, पृ.-881
33. वही, पृ.-881
34. वही, पृ.-883
35. हिन्दू जाति का उत्थान और पतन, रजनी कान्त शास्त्री, पृ.-64
36. हिन्दू विधि, चन्द्रनाथ झा, सुविधा ला हाउस, 28 मालवीय नगर, रोशनपुरम, भोपाल, 1991, पृ.-268
37. वही, पृ.-268
38. वही, पृ.-349
39. वही, पृ.-349
40. U.P. Zamindari Abolition and Land Reforms Act. 1950, Advocate Prakash Gupta, Alia Law Agency, I.M.G. Marg, Allahabad-211001, 6th Edition, p.-75.

अध्याय-4

दलित पैतृकता की इंजीनियरिंग

हिन्दू विवाह अधिनियम, 1955 तथा कुटुम्ब न्यायालय अधिनियम, 1984 भारत के संविधान के खिलाफ पड़ते हैं। आगे बताया जा रहा है कि ये अधिनियम संविधान के किन अनुच्छेदों का उल्लंघन करते हैं।

भारत के संविधान की उद्देशिका में लिखा गया है–"हम भारत के लोग....व्यक्ति की गरिमा....सुनिश्चित करने वाली बंधुता बढ़ाने के लिए दृढ़संकल्प हो कर.....इस संविधान को अंगीकृत, अधिनियमित और आत्मार्पित करते हैं।"[1] हिन्दू विवाह अधिनियम, 1955 तथा कुटुम्ब न्यायालय, अधिनियम, 1984 संविधान की उद्देशिका में दी गई इस 'व्यक्ति की गरिमा' के विरोध में पड़ते हैं। ये दोनों अधिनियम जिस जगह 'व्यक्ति की गरिमा' का हनन हो रहा है उस जगह उसे सुलह और समझौते के लिए मजबूर करते हैं। ये व्यक्ति पर दबाव डालते हैं कि वह 'व्यक्ति की गरिमा' के हनन को अपना भाग्य मान ले। ये व्यक्ति द्वारा तलाक मांगने पर तलाक न दे कर उसे क्रूर हालातों के सामने झुकने को कहते हैं। ये अधिनियम व्यक्ति की गरिमा के लिए कोई रास्ता नहीं देते। वास्तव में, इन दोनों अधिनियमों को इस बात का अहसास नहीं है कि भारत के संविधान में 'व्यक्ति की गरिमा' जैसी कोई चीज है। ये नहीं जानते कि 'व्यक्ति की गरिमा' का क्या सुख होता है। हिन्दू विवाह अधिनियम, 1955 की धारा-24 व्यक्ति की गरिमा, शिष्टाचार और सदाचार का परले सिरे का उल्लंघन है। यह धारा जारकर्मी पत्नी को पति से प्रतिमास वादकालीन भरण-पोषण और कार्यवाहियों का व्यय दिलवाती है। यह अन्तरिम भरण-पोषण कई वर्ष तक दिलवाया जाता है और कभी-कभी कई वर्षों की रकम एक साथ दिलवाई जाती है। असल में, जारकर्म के केसों में यह 'जारकर्म भत्ता' सिद्ध हो रहा है।

भारत के संविधान के अनुच्छेद 19 (2) में लिखा गया है–"(2) खंड (1) के उपखंड (क) की कोई बात उक्त उपखंड द्वारा किए गए अधिकार के प्रयोग पर.... शिष्टाचार या सदाचार के हितों में.....युक्तियुक्त निर्बंधन जहाँ तक कोई विद्यमान विधि आरोपित करती है वहाँ तक उस के प्रवर्तन पर प्रभाव नहीं डालेगी या वैसे निर्बंधन अधिरोपित करने वाली कोई विधि बनाने से राज्य को निवारित नहीं करेगी।"[2] 'हिन्दू विवाह अधिनियम, 1955' तथा 'कुटुम्ब न्यायालय अधिनियम, 1984' के इन जुड़वाँ

अधिनियमों को समाज में शिष्टाचार या सदाचार के हितों की रक्षा की कोई चिन्ता नहीं है। ये जारकर्म की और बेइज्जती की खुली छूट देते हैं। इन्होंने जारकर्म को शिष्टाचार या सदाचार के दायरे से बाहर रखा हुआ है। ये जारकर्मी जीवन को भरण-पोषण के रूप में प्रोत्साहित और पुरस्कार दिलवाते हैं तथा तलाक मांगे जाने पर सुलह और समझौते की रट लगाए रहते हैं।

भारत के संविधान के अनुच्छेद 21 में लिखा गया है–"**21. प्राण और दैहिक स्वतंत्रता का संरक्षण**–किसी व्यक्ति को, उसके प्राण या दैहिक स्वतंत्रता से विधि द्वारा स्थापित प्रक्रिया के अनुसार वंचित किया जाएगा, अन्यथा नहीं।"[3] हिन्दू विवाह अधिनियम, 1955 तथा कुटुम्ब न्यायालय अधिनियम, 1984 संविधान के इस अनुच्छेद 21 के विरोध में पड़ते हैं। ये दोनों अधिनियम तलाक की स्थितियों में तलाक न देने के कारण व्यक्ति की 'पर्सनल लिबर्टी' के दायरे में दखल देते हैं। तलाक के केस के निर्धारण में दस-पन्द्रह वर्ष लगने का मतलब भी यही है कि तब तक वादी की 'पर्सनल लिबर्टी' का हनन होता रहता है। तलाक के बाद अपनी जैविक आयु के अनुसार व्यक्ति पुनर्विवाह करके अपनी 'पर्सनल लिबर्टी' का सुख भोग कर सकता है पर इन दोनों अधिनियमों ने तलाक पर एक तरह से बंदिश लगा दी है या ये ऐसे केसों को दस-पन्द्रह वर्ष तक खींचते हैं। ये दोनों अधिनियम ऐसे घर में, जिस घर में झगड़ा हो गया है, व्यक्ति के जीवन को अधिक नारकीय बना देते हैं। इन्हें तलाक के द्वारा किसी के घर के झगड़ों को सुलझाने की चिन्ता नहीं है। तलाक न दे कर ये उस व्यक्ति को मरवा कर छोड़ते हैं जो मौत से बचता फिर रहा है। ये उसे मौत के वातावरण और धमकी में रखते हैं। यह व्यक्ति के प्राण की स्वतंत्रता का हनन है।

भारत के संविधान के अनुच्छेद 51 क (ज) में लिखा गया है–"**51 क. मूल कर्त्तव्य**–भारत के प्रत्येक नागरिक का यह कर्त्तव्य होगा कि वह....(ज) वैज्ञानिक दृष्टिकोण, मानववाद और ज्ञानार्जन तथा सुधार की भावना का विकास करे।"[4] हिन्दू विवाह अधिनियम, 1955 और कुटुम्ब न्यायालय अधिनियम, 1984 भारतीय साक्ष्य अधिनियम, 1872 की धारा 112 सपठित धारा 4 के द्वारा संविधान के अनुच्छेद 51 क (ज) के विपरीत पड़ते हैं। ये बच्चे की पैतृकता जानने के लिए आधुनिक विज्ञान के ब्लड ग्रुपों की जाँच के द्वारा पत्नी का जारपन सिद्ध नहीं होने देते। उच्चतम न्यायालय ने अपने निर्णय 'गौतम कुन्दू बनाम पश्चिमी बंगाल राज्य और एक अन्य' के द्वारा भारत में ऐसी किसी जाँच पर रोक लगा रखी है। उच्चतम न्यायालय का तर्क है कि इससे बच्चा अधर्मज कहा जाएगा तथा उस की माँ असती कही जाएगी।

भारत के संविधान के अनुच्छेद 300क में लिखा गया है–"**सम्पत्ति का अधिकार**–"**300 क. विधि के प्राधिकार के बिना व्यक्तियों को सम्पत्ति से वंचित न किया जाना**–किसी व्यक्ति को उसकी सम्पत्ति से विधि के प्राधिकार से ही वंचित किया जाएगा, अन्यथा नहीं।"[5] हिन्दू विवाह अधिनियम, 1955, कुटुम्ब न्यायालय

अधिनियम, 1984, भारतीय साक्ष्य अधिनियम, 1872 तथा दण्ड प्रक्रिया संहिता, 1973 की धारा 125 मिल कर पत्नी को जार सिद्ध करने के लिए बच्चे की पैतृकता की मैडिकल जाँच की अनुमति नहीं देते। ये अधिनियम जार पत्नी को भरण-पोषण दिलवाते हैं तथा उस के हराम के बच्चे को भी भरण-पोषण और उत्तराधिकार दिलवाते हैं। यह व्यक्ति को उसकी सम्पत्ति से गलत कानून द्वारा वंचित किया जाना है।

इस समस्या का एक सामाजिक पहलू बिल्कुल नए धरातल का है। यह दलित और गैर-दलित के विभेद का है जिसे कानूनी मान्यता मिली हुई है। इससे दलितों के घरों में गैर-दलितों की अधर्मज सन्तानों को भारत के संविधान के अनुच्छेद 20 (3) के नाम से पलवाया जा रहा है। भारत के संविधान के अनुच्छेद 20 (3) में लिखा गया है–''किसी अपराध के लिए अभियुक्त किसी व्यक्ति को स्वयं अपने विरुद्ध साक्षी होने के लिए बाध्य नहीं किया जाएगा।''[6] लेकिन संविधान के इस अनुच्छेद की सम्यक व्याख्या करने की आवश्यकता है। कई अधिनियमों में ऐसा किया भी गया है। दण्ड प्रक्रिया संहिता, 1973 की धारा 53 (1) में लिखा गया है–''**53. पुलिस अधिकारी की प्रार्थना पर चिकित्सा व्यवसायी द्वारा अभियुक्त की परीक्षा**–(1) जब कोई व्यक्ति ऐसा अपराध करने के आरोप में गिरफ्तार किया जाता है जो ऐसी प्रकृति का है और जिसका ऐसी परिस्थितियों में किया जाना अभिकथित है कि यह विश्वास करने के उचित आधार हैं कि उसकी शारीरिक परीक्षा ऐसा अपराध किए जाने के बारे में साक्ष्य प्रदान करेगी, तो ऐसे पुलिस अधिकारी की, जो उप निरीक्षक की पंक्ति से नीचे का न हो, प्रार्थना पर कार्य करने में रजिस्ट्रीकृत चिकित्सा-व्यवसायी के लिए और सद्‌भावपूर्वक उस की सहायता करने में और उसके निदेशाधीन कार्य करने में किसी व्यक्ति के लिए यह विधिपूर्ण होगा कि वह गिरफ्तार किए गए व्यक्ति की ऐसी परीक्षा करें जो उन तथ्यों को, जो ऐसा साक्ष्यप्रदान कर सकें, अभिनिश्चित करने के लिए उचित रूप से आवश्यक है और उतना बल प्रयोग करें जितना उस प्रयोजन के लिए उचित रूप से आवश्यक है।''[7] ऐसे ही, अनुसूचित जाति और अनुसूचित जनजाति (अत्याचार प्रतिषेध) अधिनियम, 1989 की धारा 12 (1) में लिखा गया है–''प्रत्येक व्यक्ति, जिसके विरुद्ध धारा 10 के अधीन आदेश दिया गया है, यदि विशेष न्यायालय द्वारा ऐसा अपेक्षित हो, को पुलिस अधिकारी द्वारा उसका माप और फोटो लेने के लिए अनुज्ञात किया जाएगा।''[8] आगे इस अधिनियम की धारा 12 (2) में लिखा गया है–''यदि उपधारा (1) में निर्दिष्ट व्यक्ति, जब उसका फोटो या माप लेने के लिए अपेक्षा अनुज्ञात की जाती है, अपना फोटो या माप लेने में बाधा पहुँचाता है या इन्कार करता है, तब उसको लेने के लिए सुनिश्चित करने के लिए सभी आवश्यक उपायों का किया जाना वैध होगा।''[9] इस अधिनियम की धारा 12 (3) में लिखा गया है–''उपधारा (2) के अधीन फोटो या सभी माप लेने की अनुज्ञा से इन्कार या बाधा पहुँचाने को भारतीय दंड संहिता, 1860 की धारा 186 के अधीन अपराध समझा जाएगा।''[10] इस प्रकार, अब चिकित्सा शास्त्र की

पुरानी मान्यता में भी बदलाव की आवश्यकता है। चिकित्सा न्यायशास्त्र की पुस्तकों में लिखा गया है—"यह ध्यान रखने योग्य है कि यदि किसी व्यक्ति की शारीरिक परीक्षा उसकी सम्मति के विरुद्ध की जाए तो उसे विधि में उस व्यक्ति के शरीर पर किया गया अनाचार या शारीरिक हमला माना जाता है।"[11] लेकिन चिकित्सा विज्ञान के इतने आगे बढ़ जाने पर जारकर्म या अधर्मज सन्तान के साक्ष्य के लिए की गई कोई चिकित्सकीय जाँच व्यक्ति के शरीर पर अनाचार या हमला नहीं मानी जानी चाहिए।

यह बात जानने योग्य है कि जारकर्म को भारतीय दंड संहिता, 1860 के तहत दण्डनीय माना गया है। उसकी धारा 497 में लिखा गया है—"**जारकर्म**—जो कोई ऐसे व्यक्ति के साथ, जो कि किसी अन्य पुरुष की पत्नी है; और जिसका किसी अन्य पुरुष की पत्नी होना वह जानता है या विश्वास रखने का कारण रखता है, उस पुरुष की सम्मति या मौनानुकूलता के बिना ऐसा मैथुन करेगा जो बलात्संग के अपराध की कोटि में नहीं आता, वह जारकर्म के अपराध का दोषी होगा, और दोनों में से किसी भाँति के कारावास से, जिसकी अवधि पाँच वर्ष तक की हो सकेगी, या जुर्माने से, या दोनों से, दण्डित किया जाएगा। ऐसे मामले में पत्नी दुष्प्रेरक के रूप में दण्डनीय नहीं होगी।"[12] लेकिन अधर्मज सन्तान के मामले में जारकर्म और भी पुख्ता हो जाता है। ऐसी स्थिति में, इस धारा में से पति की सम्मति और मौनानुकूलता के शब्द निकाल दिए जाने चाहिए। साथ ही, यह धारा केवल विवाहित महिलाओं पर नहीं बल्कि गैर-विवाहित महिलाओं पर भी लागू की जानी चाहिए। अनुसूचित जाति और अनुसूचित जनजाति की महिलाओं को ले कर ऐसा किया भी गया है। अनुसूचित जाति और अनुसूचित जनजाति (अत्याचार प्रतिषेध) अधिनियम, 1989 की धारा 3 (1) (xi) और धारा 3 (1) (xii) में लिखा गया है :

> "3. अत्याचार के अपराध के लिए दण्ड—(1) जो कोई, अनुसूचित जाति या अनुसूचित जनजाति का सदस्य नहीं है—
>
> (xi) अनुसूचित जाति या अनुसूचित जनजाति से सम्बन्धित महिलाओं को अपमानित करने या लज्जा भंग करने के आशय से बल प्रयोग करता है या हमला करता है,
>
> (xii) अनुसूचित जाति या अनुसूचित जनजाति से संबंधित महिलाओं की इच्छा अधिशासित करने की स्थिति में होने के कारण और उस स्थिति को मैथुन द्वारा शोषण करने में प्रयोग करता है जिसके लिए वह अन्यथा सहमत न होती,
>
> ऐसी अवधि के लिए दण्डनीय होगा जो छह मास से कम नहीं होगा किन्तु पाँच वर्ष तक आर्थिक दण्ड के साथ बढ़ाया जा सकेगा।"[13]

बात सीधी भारतीय साक्ष्य अधिनियम, 1872 की धारा 112 और धारा 4 पर की जाए तो समस्या ज्यादा अच्छी तरह से समझी जा सकती है। भारतीय साक्ष्य अधिनियम, 1872 की धारा 112 इस प्रकार है–"**विवाहित स्थिति के दौरान में जन्म होना धर्मजत्व का निश्चायक सबूत है**–यह तथ्य कि किसी व्यक्ति का जन्म उसकी माता और किसी पुरुष के बीच विधिमान्य विवाह के कायम रहते हुए, या उसका विघटन होने के उपरान्त माता के अविवाहित रहते हुए दो सौ अस्सी दिन के भीतर हुआ था, इस बात का निश्चायक सबूत होगा कि वह उस पुरुष का धर्मज पुत्र है, जब तक कि यह दर्शित न किया जा सके कि विवाह के पक्षकारों की परस्पर पहुँच ऐसे किसी समय नहीं थी कि जब उसका गर्भाधान किया जा सकता था।"[14] भारतीय साक्ष्य अधिनियम, 1872 की धारा 4 में निश्चायक सबूत की परिभाषा इस प्रकार दी गई है–"**निश्चायक सबूत**–जहाँ कि इस अधिनियम द्वारा एक तथ्य किसी अन्य तथ्य का निश्चायक सबूत घोषित किया गया है, वहाँ न्यायालय उस एक तथ्य के साबित हो जाने पर उस अन्य को साबित मानेगा और उसे नासाबित करने के प्रयोजन के लिए साक्ष्य दिए जाने की अनुज्ञा नहीं देगा।"[15]

भारत की सुप्रीम कोर्ट ने अपने निर्णय 'गौतम कुन्दू बनाम पश्चिमी बंगाल राज्य और एक अन्य' वाले मामले में इस बारे में लिखा है–"भारत में धर्मजत्व की प्रास्थिति को विधि ने विशेष संरक्षण प्रदान किया है। भारत में इस प्रकार के साक्ष्य के सम्बन्ध में विधि बहुत कठोर है जो किसी सन्तान के धर्मजत्व की उपधारणा का खंडन करने के लिए दिया जा सकता है। यहाँ तक कि यह सबूत भी संतान की अधर्मजता साबित करने के लिए काफी नहीं होगा कि उसकी माता ने अनेक व्यक्तियों के साथ जारकर्म किया।"[16] इस निर्णय में आगे लिखा गया है–"लोक नीति को ध्यान में रखते हुए इस प्रकार की पाबन्दी न्यायोचित है क्योंकि सन्तान की प्रास्थिति को यों चुटकियों में न उड़ाए जाने के अनेक कारण हैं। किसी के माथे पर लगा अधर्मजता का लांछन बहुत कठोर होता है और हमारे पास अधर्मज सन्तानों का संरक्षण करने के लिए इंग्लैंड की भाँति कोई विधान नहीं है।"[17] उच्चतम न्यायालय ने इसी क्रम में आगे उद्धृत किया है–"इसमें कोई सन्देह नहीं है कि ऐसी स्थिति कुछ मामलों में पति से ऐसी सन्तानों का भरण-पोषण करने की अपेक्षा कर सकती है जिनका वह संभवतः पिता न हो। किन्तु विधानमंडल ही विधि की कठोरता में परिवर्तन ला सकता है, न कि न्यायालय। न्यायालय विधि द्वारा अपेक्षित साक्ष्य से भिन्न साक्ष्य को अपने निष्कर्ष का आधार नहीं बना सकता।"[18] उच्चतम न्यायालय ने सामाजिक सच के खिलाफ यहाँ तक लिख दिया है–"न्यायालय को इस पहलू पर ध्यानपूर्वक विचार करना चाहिए कि रक्त परीक्षण का आदेश देने के परिणाम क्या होंगे, क्या ऐसा आदेश देने का प्रभाव सन्तान को अधर्मज और उस की माता को असतीव्रता महिला बनाने का होगा।"[19] लेकिन वह साक्ष्य क्या है जिस से सुप्रीम कोर्ट ने अपने आपको बाँधा है? इस के लिए यहाँ इस निर्णय के संबंधित शब्द उद्धृत किए जा सकते हैं–"भारतीय साक्ष्य अधिनियम, 1872 की धारा

112 को देखते हुए सन्तान के पितृत्व अथवा धर्मजत्व का अवधारण करने के लिए रक्त परीक्षण की आंग्ल विधि लागू नहीं की जा सकती। अतः यह निष्कर्ष निकाला जाना चाहिए कि उक्त अधिनियम की धारा 4 के साथ पठित धारा 112, दम्पतियों के एक दूसरे तक न पहुँच सकने वाले मामलों को छोड़ कर, सन्तान के धर्मजत्व और पितृत्व की उपधारणा को नासाबित करने के लिए साक्ष्य के लिए जाने को विवर्जित करती है।''[20]

यही वास्तविक समस्या है कि इस कानून से तथा इस कानून की सुप्रीम कोर्ट द्वारा की गई इस व्याख्या से दलितों को एक संस्था के रूप में पूरा-पूरा नुकसान हो रहा है। आखिर, भारत का सामाजिक इतिहास क्या है? क्या दलित पुरुष द्विज नारी के साथ मैथुन कर सकता है? क्या स्मृतियों के विधान के अनुसार इस की तनिक भी संभावना है? इसके विपरीत, क्या बिना कानून की मदद के हर दलित पुरुष इस मामले में प्रतिकार करने में अकेला सक्षम है कि वह द्विज पुरुष को अपनी दलित स्त्री से मैथुन नहीं करने देगा? कहा जा सकता है कि दलित नारी की सहमति है या असहमति, दलित पुरुष के लिए इससे कोई फर्क नहीं पड़ता, पर वह दूसरों की सन्तान अपने घर में क्यों पाले? यदि दलित नारी की द्विज पुरुष से मैथुन करने में सहमति थी तो भी दलित पुरुष क्यों सताया जाए? सुप्रीम कोर्ट ने लिखा है कि 'हमारे पास अधर्मज सन्तानों का संरक्षण करने के लिए इंग्लैंड की भाँति कोई विधान नहीं है।' लेकिन यहाँ बताया जा सकता है कि द्विजों की अधर्मज सन्तानों के लिए भारत में इस का विधान दलितों के घर हैं। ब्रिटेन में पैतृकता की मैडिकल जाँच में बच्चा जिस पुरुष का सिद्ध होता है, वह उसे दे दिया जाता है और उस बच्चे के भरण-पोषण की जिम्मेदारी उस पुरुष के जिम्मे जाती है, लेकिन भारत का द्विज समाज ऐसे मैडिकल टेस्ट की अनुमति नहीं दे रहा है। यहाँ हजारों वर्षों से द्विज पुरुषों के बच्चे दलितों के घर में पल रहे हैं। दलितों के घर द्विजों की ऐसी अधर्मज सन्तानों के लिए संरक्षण गृह बने हुए हैं। भारत में द्विज समाज की यह अनैतिक संस्था तत्काल टूटनी चाहिए।

कुटुम्ब न्यायालय अधिनियम, 1984 के प्रावधानों में आशा बंधी थी कि धर्मजता के वाद ठीक तरह से निपटाए जाएँगे। उस की धारा 7 (1) के स्पष्टीकरण (ङ) में न्यायालय की अधिकारिता के बारे में स्पष्ट रूप से लिखा गया है–''**स्पष्टीकरण**–इस उपधारा में निर्दिष्ट वाद और कार्यवाहियां निम्नलिखित प्रकृति की वाद और कार्यवाहियाँ हैं, अर्थात् (ङ) किसी व्यक्ति के धर्मजत्व के बारे में किसी घोषणा के लिए कोई वाद या कार्यवाही।''[21] इस अधिनियम की धारा 12 में स्पष्ट लिखा गया है–''प्रत्येक वाद या कार्यवाही में, कुटुम्ब न्यायाल्य को इस अधिनियम द्वारा अधिरोपित कृत्यों के निर्वहन में, अपनी सहायता के लिए किसी चिकित्सा विशेषज्ञ...की....सेवाएँ प्राप्त करने की स्वतन्त्रता होगी।''[22] इस अधिनियम की धारा 14 में भारतीय साक्ष्य अधिनियम, 1872 के बारे में लिखा गया है– ''कोई कुटुम्ब न्यायालय ऐसी किसी आख्या, कथन, दस्तावेज, जानकारी या बात को, जो उसकी राय में किसी विवाद के प्रभावकारी ढंग से कार्यवाही करने में उसकी सहायता कर

सकेगी, चाहे वह भारतीय साक्ष्य अधिनियम, 1872 के अधीन अन्यथा सुसंगत या ग्राह्य हो या नहीं, साक्ष्य के रूप में प्राप्त कर सकेगा।''[23]

इस धारा 14 से उम्मीद बंधी थी कि पैतृकता की जाँच में भारतीय साक्ष्य अधिनियम, 1872 की धारा 112 और धारा 14 बाधा नहीं बनेंगी लेकिन भारत के न्यायालय इन धाराओं को पहले की तरह ले कर चल रहे हैं। इस मामले में कुटुम्ब न्यायालय अधिनियम, 1984 की धारा 20 भी व्यर्थ चली जाती है जिसमें लिखा गया है—''इस अधिनियम के उपबन्ध तत्समय प्रवृत्त किसी अन्य विधि में या इस अधिनियम से भिन्न किसी विधि के आधार पर प्रभावी किसी लिखत में तद्संगत किसी बात के होते हुए भी प्रभावी होंगे।''[24] उधर, भारत की सुप्रीम कोर्ट भी संविधान के अनुच्छेद 20 (3) की व्याख्या में बदली है। पहले सुप्रीम कोर्ट इस अनुच्छेद की व्याख्या एक ढंग से किया करती थी लेकिन अब एकदम दूसरे ढंग से कर रही है जबकि संविधान का अनुच्छेद ज्यों का त्यों है। सन् 1953 में सुप्रीम कोर्ट ने निर्णय दिया था कि इस अनुच्छेद के तहत 'बाध्य किया गया व्यक्ति आपराधिक अभियोजन में अभियुक्त होना चाहिए।'[25] सुप्रीम कोर्ट ने सन् 1961 में निर्णय दिया था—''अँगूठे की छाप देना या पैर का या हथेली का या अँगुलियों का निशान देना या नमूने की हस्तलिपि देना या पहचान के लिए शरीर के अंगों को दिखाना एक 'साक्षी होने के' पद के अन्तर्गत सम्मिलित नहीं है।''[26] बम्बई हाई कोर्ट ने अपने एक निर्णय में स्पष्ट रूप से लिखा था—''भरण-पोषण के आदेश के अनुपालन के लिए पत्नी का आवेदन—पति द्वारा आवेदन का इस आधार पर विरोध कि पत्नी ने जारकर्म किया और उस आदेश के बाद एक बच्चे को जन्म दिया—मजिस्ट्रेट द्वारा पत्नी को चिकित्सकीय जाँच करवाने के लिए निर्देश—अभिनिर्धारित कि परिसाक्ष्य बाध्यता का प्रश्न नहीं उठाया जा सकता क्योंकि वादी कोई अभियुक्त नहीं है।''[27] न्यायालयों ने यह भी माना है कि अभियुक्त से जाँच के लिए रक्त लेने को, कि कहीं उसने अपने विरुद्ध लगाया गया कोई अपराध कारित किया हो, अनुच्छेद 20 (3) के अर्थ में 'अभियुक्त को अपने विरुद्ध साक्षी होने के लिए बाध्य करना' नहीं माना जा सकता।[28] न्यायालयों ने यही माना था कि 'साक्षी होने' का मतलब है कि मौखिक कथन या लिखित कथन द्वारा कोर्ट में या अन्यथा सुसंगत तथ्यों के बारे में जानकारी देना। लेकिन 14 मई, 1993 को सुप्रीम कोर्ट ने अपने इस सारे चिन्तन को एकदम उलट दिया। 'भारत का संविधान, 1950' के अनुच्छेद 20 (3) के बारे में उसने 'गौतम कुन्दू बनाम पश्चिमी बंगाल राज्य और एक अन्य' के अपने निर्णय के पैरे 18 में लिखा है—''विवादग्रस्त पितृत्व के प्रश्न का अवधारण करने के लिए रक्त वर्गीकरण परीक्षण एक उपयोगी परीक्षण है। न्यायालय इस का अवलम्ब किसी ऐसे परिस्थितिजन्य साक्ष्य के रूप में ले सकते हैं जो अंततोगत्वा कतिपय व्यष्टि को सन्तान के पिता के रूप में अपवर्जित करता हो। तथापि, यह बात ध्यान में रखनी आवश्यक है कि किसी भी व्यक्ति को अपनी इच्छा के विरुद्ध विश्लेषण के लिए रक्त का नमूना देने के लिए विवश

नहीं किया जा सकता तथा नमूना देने से इन्कार करने के कारण उसके विरुद्ध कोई प्रतिकूल निष्कर्ष नहीं निकाला जा सकता।"[30]

देखा जा सकता है कि सुप्रीम कोर्ट के इस निर्णय में पिछली सारी बातें छूट गई हैं। अब संविधान के शब्द 'अभियुक्त' के बजाय मात्र 'किसी भी व्यक्ति को' लिख दिया गया है जिस में सिविल केस और आपराधिक केसों का कोई अन्तर नहीं रखा गया। इसमें मौखिक कथन और लिखित कथन के बजाय रक्त परीक्षण को संविधान के अनुच्छेद 20 (3) के दायरे में ले लिया गया है। इसका सामाजिक प्रभाव यह निकलता है कि लोक में सदाचार समाप्त है और पुनः द्विजराज कायम हो गया है। कोई भी जार और दबंग द्विज किसी भी दलित की पत्नी के साथ चोरी से या खुले से जारकर्म करके उसे गर्भिणी करेगा। शिकायत करने पर दलित की सहायता में कोर्ट आगे नहीं आएगी। यह द्विजों की स्मृतिकालीन संस्कृति को बचाने के लिए कानून है। ऐसा कानून या कानून की ऐसी व्याख्या दलित के पक्ष में निश्चित रूप से बदली जानी चाहिए अन्यथा यह चोरों की और जारों की समाज-व्यवस्था बन कर रह जाती है। ईमानदारी की जिम्मेदारी केवल इंग्लैंड ने नहीं ले रखी है बल्कि भारत के लोगों को उनसे भी ज्यादा ईमानदार होना चाहिए। इसलिए संविधानसम्मत मानववाद की मदद से समाज में दो प्रकार की परम्पराओं—अर्थात विवाह और जारकर्म की, तथा विज्ञान और चिकित्सा-विज्ञान की मदद से दो प्रकार की सन्तानों—अर्थात धर्मज और अधर्मज का भेद मिटना चाहिए। इस प्रकार, भारत के दलित नागरिकों और बाकी अन्य नागरिकों को भी पैतृकता और धर्मजता की जाँच के लिए एक विशेष विधि चाहिए। चिकित्सा विज्ञान के विकास के समरूप रहने के लिए संविधान के अनुच्छेद 20 (3) की नई व्याख्या या उस पर पुनर्विचार होना चाहिए। दूसरे की सन्तान को पलवाने में सारा संविधान असंगत हो जाता है। फिर सारी बातें 'जीरो कानून' से शुरू हो जाती हैं। यदि सुप्रीम कोर्ट की भाषा में यह विधि की कठोरता है तो यह व्यक्ति के लिए उसकी प्राणलेवा कठोरता है। फिर किसी व्यक्ति का, उसकी नागरिकता का और उसके अधिकार का कोई अस्तित्व नहीं रह जाता।

हिन्दू विवाह अधिनियम, 1955 की धारा 24 के तहत वाद लम्बित रहने तक प्रार्थी को प्रत्यर्थी से भरण-पोषण और कार्यवाहियों में होने वाले व्यय दिलाए जाने का प्रावधान है। इसमें लिखा गया है—"जहाँ कि इस अधिनियम के अधीन होने वाली किसी कार्यवाही में न्यायालय को यह प्रतीत हो कि, यथास्थिति, पति या पत्नी की ऐसी कोई स्वतन्त्र आय नहीं है जो उस के सम्भाल और कार्यवाही के आवश्यक व्ययों के लिए पर्याप्त हो वह पति या पत्नी के आवेदन पर प्रत्यर्थी को यह आदेश दे सकेगा कि वह अर्जीदार को कार्यवाही में होने वाले व्यय तथा कार्यवाही के दौरान में प्रति मास ऐसी धनराशि संदत्त करे जो अर्जीदार की अपनी आय तथा प्रत्यर्थी की आय को देखते हुए न्यायालय को युक्तियुक्त प्रतीत हो।"[31] देखा जा सकता है कि इस धारा में इस बात का ध्यान बिल्कुल भी नहीं रखा गया है कि यदि पत्नी पर जारकर्म का आरोप लगाया

गया है तो ऐसी स्थिति में अन्तरिम भरण-पोषण न दिया जाए या ऐसे केस को एक-दो महीनों में निपटा लिया जाए। ऐसे समय पत्नी का जारकर्मी पुरुष समाज में पति की कितनी खिल्ली उड़ा सकता है, यह तब देखा जाए जब यह भरण-पोषण दस वर्षों तक भी मिल रहा हो। ऐसे कानून को 'व्यक्ति की गरिमा' और समाज में 'सदाचार' की कोई चिन्ता नहीं है। यह सीधा 'जारकर्म भत्ता' सिद्ध होता है।

हिन्दू विवाह अधिनियम, 1955 की धारा 25 (1) में तलाक की डिक्री देने या न देने की अवस्था में पत्नी को पति से स्थायी निर्वाहिका और भरण-पोषण दिलवाने का प्रावधान है। लेकिन धारा 25 (3) में लिखा गया है—''यदि न्यायालय को समाधान हो जाए कि उस पक्षकार ने जिसके पक्ष में इस धारा के अधीन कोई आदेश दिया गया है, पुनर्विवाह कर लिया है या यदि ऐसा पक्षकार पत्नी है तो वह सतीव्रता नहीं रह गई है....तो वह दूसरे पक्षकार की प्रेरणा पर ऐसे किसी आदेश को.....विखन्डित कर सकेगा।''[32] यह धारा एकदम विसंगतिपूर्ण है। इसमें पति से अपेक्षा की गई है कि वह जीवन भर उस तलाकशुदा पत्नी के बारे में निगरानी रखता फिरेगा कि उसने पुनर्विवाह नहीं कर लिया है या वह असती नहीं हो गई है। यह द्विज परम्परा है कि विधवा होने के बाद भी स्त्री पुनर्विवाह नहीं करेगी। यह तलाकशुदा स्त्री से गारन्टी ली जाती है कि वह तलाक के बाद भी उस पति से स्वतन्त्र नहीं है। पैसे दे कर पति का अंकुश उस पर अभी भी लटक रहा है जबकि दलित परम्परा में ऐसी स्थिति में पति को पत्नी से कोई सरोकार नहीं रहता। तभी दलितों में स्त्री के पुनर्विवाह का चलन है। यदि स्त्री के पुनर्विवाह पर रोक लगाई जाती है तो तभी असती होने का प्रश्न खड़ा होता है जो द्विजों की समस्या है और दलितों की नहीं।

दुःख की बात है कि दण्ड प्रक्रिया संहिता, 1973 की धारा 125 (1) के स्पष्टीकरण (ख) में पत्नी की परिभाषा इस प्रकार की गई है—''पत्नी के अन्तर्गत ऐसी स्त्री भी है जिसके पति ने उससे विवाह-विच्छेद कर लिया है या जिसने अपने पति से विवाह-विच्छेद कर लिया है और जिसने पुनर्विवाह नहीं किया है।''[33] असल में, इस धारा के द्वारा विवाह को द्विजों का पवित्र संस्कार वाला और अटूट बना दिया गया है। इसमें तलाक के बाद भी एक अलझेड़ बनाई रखी जाती है। यह पूर्ण पितृ-सत्तात्मक समाज की व्यवस्था है क्योंकि इस में माना गया है कि तलाकशुदा स्त्री को पुनर्विवाह नहीं करना चाहिए। यह एक शासक समाज की भी व्यवस्था है क्योंकि इसमें यह भी माना गया है कि द्विज नारी कभी कमा कर नहीं खाएगी। दलितों में तलाक के बाद पत्नी से कोई सरोकार नहीं रह जाता। उन में इतनी मातृसत्ता आज भी कायम है कि माँ-बाप अपनी बेटी का पुनर्विवाह कर देते हैं या अपने पास रख लेते हैं जहाँ वह कमा कर खाती है। लेकिन द्विज समाज विवाह के नाम पर अपनी बेटी को धक्का देता है जो कभी दहेज के रूप में प्रकट होता है कि अब अपने भरण-पोषण के लिए कभी इस घर में वापिस मत आना। ऐसी स्थिति में कई मामलों में क्रूर ससुराल से उस जवान बेटी की अर्थी ही उठती है। यही द्विज़ों की क्रूर विवाह व्यवस्था है।

हिन्दू दत्तक तथा भरण-पोषण अधिनियम, 1956 की धारा 18 (3) में लिखा गया है—"यदि कोई हिन्दू पत्नी असती है.....तो वह अपने पति से पृथक निवास करने और भरण-पोषण प्राप्त करने की हकदार नहीं होगी।"[34] यहाँ फिर विचित्र स्थिति है कि पत्नी को असती भी सिद्ध करो और बच्चे की पैतृकता की मैडिकल जाँच की अनुमति भी नहीं मिलेगी। इस में कानून ने अपने लिए खुद काम बढ़ा रखा है। रास्ते बन्द करके कहा जा रहा है कि आगे बढ़ा जाए। वादी के हाथ-पाँव बाँध दिए गए हैं और कहा जा रहा है कि वह चल कर दिखाए। इस में चमत्कारों की दैवी खोज की जा रही है। छोटे से काम को अपने लिए पहाड़ बना लिया गया है। कारण स्पष्ट है, दलितों को भी द्विजों की परम्परा के तहत बिना तलाक वाले लोग बनाया जा रहा है। भारतीय साक्ष्य अधिनियम, 1872 की धारा 112 सपठित धारा 4 में मान लिया गया है कि भारत में विवाहेतर कामाचार नहीं होता—अर्थात कामाचार को ही होने दिया जाएगा। यदि यह सिद्ध हो जाता है कि पति को पत्नी से मिलने के अवसर प्राप्त थे, भले ही वास्तविक संभोग न हुआ हो, तो वह सन्तान उसी सात फेरों वाले पति की मानी जाती है। इस का अर्थ निकलता है कि आधुनिक विज्ञान की इस इक्कीसवीं शताब्दी के पहले दशक तक भी भारत में सन्तान हवा में से पैदा होती है।

दण्ड प्रक्रिया संहिता, 1973 की धारा 125 (4) में लिखा गया है—"कोई पत्नी अपने पति से इस धारा के अधीन भत्ता प्राप्त करने की हकदार न होगी यदि वह जारता की दशा में रह रही है।"[35] लेकिन पत्नी के जारता में रहने को सिद्ध करना फिर साक्ष्यों पर निर्भर हो कर रह जाता है जिन्हें न्याय-व्यवस्था में व्याप्त भ्रष्टाचार तक की वैतरणी पार करनी होती है। वास्तव में, विवाह के मामले में द्विज व्यक्ति व्यक्तिगत रूप में ही अच्छा हो सकता है, संस्था के रूप में वह एकदम बुरा व्यक्ति है। इसके विपरीत, इस मामले में दलित व्यक्ति व्यक्तिगत रूप में ही बुरा हो सकता है, संस्था के रूप में वह एकदम अच्छा व्यक्ति है। द्विजों की संस्थाओं में कोई अच्छाई नहीं है और दलितों की संस्थाओं में कोई खोट नहीं है। द्विजों की संस्थाओं की बुराई जारकर्म तक जाती है जबकि दलितों की संस्थाओं की अच्छाई पुनर्विवाह तक आती है। द्विजों में भरण-पोषण का कानून है जबकि दलितों में पुनर्विवाह की परम्परा है। ये दोनों विपरीत ध्रुव हैं। अच्छी बात यह होगी कि जारकर्म को छोड़ कर द्विज समाज भी पुनर्विवाह की ओर कदम बढ़ाए। 'पत्नी' की, दण्ड प्रक्रिया संहिता, 1973 की धारा 125 (1) के स्पष्टीकरण (ख) के तहत बताई गई परिभाषा के अनुसार द्विज पुरुष आज भी पुनर्विवाह नहीं बल्कि द्विविवाह करता है जबकि द्विज नारी को भरण-पोषण दे कर न द्विविवाह करने दिया जाता है और न पुनर्विवाह करने दिया जाता है। द्विज नारी भरण-पोषण के रूप में केवल रोटी की गुलाम है। यदि वह जारकर्म की ओर कदम उठाती है तो उसे जान से मार दिया जाता है या सम्मति या मौनानुकूलता धारण कर उससे घर में वेश्यावृत्ति करवाई जाने लगती है। आखिर, वह बिना कामतृप्ति के किस बात के लिए रहे?

अप्रैल, 1990 में राष्ट्रीय अनुसूचित जाति तथा अनुसूचित जनजाति आयोग की एक विशेष रिपोर्ट 'अनुसूचित जातियों तथा जनजातियों पर अत्याचार : कारण और उपाय' शीर्षक से आई है। इसके अनुबन्ध-I में 1981 से ले कर 1986 तक इन जातियों के प्रति हुए अपराधों का विवरण दिया गया है। अपराधों को हत्या, गम्भीर रूप से घायल, बलात्कार, आगजनी तथा अन्य अपराध की श्रेणियों में बाँटा गया है। इस दौरान अनुसूचित जातियों के प्रति कुल 91097 तथा अनुसूचित जनजातियों के प्रति कुल 23958 अपराध दर्ज हुए। इन में शील भंग करना और यौन शोषण के अपराध शामिल रहे हैं। केवल अनुसूचित जातियों के प्रति बलात्कार के 3998 तथा अनुसूचित जनजातियों के प्रति बलात्कार के 1617 केस थे।[36] कल्याण मन्त्रालय, भारत सरकार की वार्षिक रिपोर्ट 1993-94 के अनुबन्धों XV, XVI, XVII, XVIII, XXI और XXII में वर्ष 1991, 1992 तथा 1993 के आँकड़े दिए गए हैं। इन अनुबन्धों में अनुसूचित जातियों के प्रति बलात्कार के 1991 में 784, 1992 में 911 तथा 10.12.1993 तक रिपोर्ट किए गए 1993 में 720 केस पंजीकृत किए गए थे। अनुसूचित जनजातियों के प्रति बलात्कार के 1991 में 286, 1992 में 274 तथा 10.12.1993 तक रिपोर्ट किए गए 1993 में 281 केस दर्ज किए गए थे।[37] कल्याण मन्त्रालय, भारत सरकार की रिपोर्ट 1994-95 के अनुबन्ध XXII के अनुसार अनुसूचित जातियों के प्रति 1993 में कुल 18507 तथा अधूरे आँकड़े प्राप्त 1994 में कुल 12657 आपराधिक मामले दर्ज थे। इसी अनुबन्ध के अनुसार अनुसूचित जनजातियों के प्रति 1993 में कुल 3671 तथा अधूरे आँकड़े प्राप्त 1994 में कुल 2317 आपराधिक मामले दर्ज थे।[38] ये सारे अपराध इन जातियों के प्रति गैर-अनुसूचित जातियों तथा गैर-अनुसूचित जनजातियों ने किए थे। जब बलात्कार के मामलों की ऐसी संख्या है तो दलित नारियों की सहमति से उन का कितना यौन-शोषण होता होगा, उस संख्या की कल्पना की जा सकती है। यही कारण है कि लम्बे समय से दलित घरों में अवैध बच्चे पाले जा रहे हैं। ऐसी प्रथा पर रोक लगनी ही चाहिए और इस का सबसे सरल उपाय आधुनिक चिकित्सा विज्ञान ने उपलब्ध करा दिया है जो रक्त की जाँच का है। केवल 'एबीओ' की साधारण रक्त जाँच से पैतृकता के आधे केस तय हो जाते हैं, जो बचते हैं वे एच. एल. ए. और डी. एन. ए. की जाँच से पूरे हो जाते हैं। संयोग से, ऐसी जाँच करने की सभी सुविधाएँ भारत में उपलब्ध हैं।

लेकिन, उधर आज के स्वामी राम सुख दास ऐसी समस्या का क्या समाधान देते हैं? उन्होंने एक पुस्तक 'गृहस्थ में कैसे रहें?' शीर्षक से प्रश्नोत्तर रूप में लिखी है। इस में एक प्रश्नोत्तर इस प्रकार है :

"**प्रश्न**– कुँवारी अवस्था में गर्भ रह जाए तो उस को गिराना चाहिए या नहीं?

उत्तर– जिस के संग से गर्भ रह जाए, उस के साथ विवाह करा देना

चाहिए। अगर विवाह न करा सकें तो भी उस गर्भ को गिराना नहीं चाहिए। उस का पालन करना चाहिए और थोड़ा बड़ा होने पर उस बच्चे को अनाथालय में भरती करा देना चाहिए अथवा कोई गोद लेना चाहे तो उस को दे देना चाहिए।"[39]

स्वामी राम सुख दास ने इस सम्बन्ध में एक अन्य प्रश्नोत्तर दिया है :

"**प्रश्न**– यदि कोई विवाहिता स्त्री से बलात्कार करे और गर्भ रह जाए तो क्या करना चाहिए?

उत्तर– जहाँ तक बने, स्त्री के लिए चुप रहना ही बढ़िया है। पति को पता लग जाए तो उस को भी चुप रहना चाहिए। दोनों के चुप रहने में ही फायदा है। ....गर्भ गिराने में हमारी सम्मति नहीं है, क्योंकि गर्भ की हत्या महापाप है।"[40]

इन दोनों प्रश्नोत्तरों का विश्लेषण किया जा सकता है। पहले प्रश्नोत्तर में देखा जा सकता है कि यह सम्भव है कि वह विवाह न हो पाए। क्यों नहीं हो पाएगा–इस का कोई ब्यौरा नहीं दिया गया है। इतना जरूर लिखा गया है कि उस बच्चे को अनाथालय में दिया जा सकता है या गोद में दिया जा सकता है। लेकिन जारकर्मी पुरुष के लिए कोई दण्ड नहीं है। दूसरे प्रश्नोत्तर में बलात्कारी पुरुष को कोई दण्ड नहीं है बल्कि पति और पत्नी, दोनों को, चुप रहने में ही फायदा बताया गया है। यह फायदा क्या है?–इस का भी कोई ब्यौरा नहीं दिया गया है। क्या इन दोनों प्रश्नोत्तरों से यह पता नहीं चलता कि जारकर्मी और बलात्कारी को बचा कर एक झूठी इज्जत का बचाव किया जा रहा है? क्या एक आदर्श दलित के लिए ऐसी संस्कृति एक क्षण के लिए भी सहन करने योग्य है? आखिर, चुप रह कर क्या कोई आदर्श पुरुष घुट-घुट कर मर नहीं जाएगा? कोई दूसरे की सन्तान क्यों पालेगा? क्या यह उस के व्यक्ति की स्वतंत्रता का हनन नहीं है?

सच बात है, व्यक्ति की स्वतंत्रता का हनन किया जा सकता है लेकिन तब जब वह समाज का अपराधी हो, लेकिन यहाँ अपराधियों को बचाने के लिए निर्दोष और आदर्श व्यक्तियों की स्वतंत्रता का हनन किया जा रहा है। एक अच्छा मनुष्य अपना सर्वस्व त्याग सकता है पर किस बात के लिए? यहाँ राष्ट्र नहीं है, समाज नहीं है, परोपकार नहीं है, बल्कि जारकर्मी और बलात्कारी पुरुष उस के सामने उसकी हंसी उड़ाता हुआ खड़ा है। ऐसी संस्कृति और सभ्यता से दलितों का कोई ताल्लुक नहीं हो सकता। यह गृहस्थजनों को कौन-सी सीख दी जा रही है? इस उपदेश में क्या रखा है? हजारों वर्षों के कूड़े के ढेर को समाप्त करने के बजाय उस पर और कूड़ा क्यों डलवाया जा रहा है? बलात्कार के विरोध में कानून बन जाने के बाद भी यह कौन-सी परम्परा है जो अभी भी बलात्कारी के लिए जेल करवाने की सलाह नहीं दे रही है? लेकिन देखने की बात

यह है कि एक तीसरे प्रश्नोत्तर में स्वामी राम सुख दास ने गोद लेने को मना किया है। प्रश्नोत्तर इस प्रकार है :

> "**प्रश्न**– यदि कोई सन्तान न हो तो अपने सम्बन्धियों के अथवा अनाथ बालक-बालिकाओं को गोद लेना चाहिए या नहीं?
>
> उत्तर– ....यदि हमारे लिए लड़के की आवश्यकता होती तो भगवान दे देते। हमारे लिए लड़के की आवश्यकता नहीं है, इसलिए भगवान ने नहीं दिया है। अतः हम गोद ले कर अपने लिए आफत क्यों पैदा करें।"[41]

यह प्रश्नोत्तर पहले प्रश्नोत्तर का विरोधी नहीं तो और क्या है? मूल बात यह है कि द्विजजन किसी अन्य का बच्चा नहीं पालते परन्तु अपने बच्चों को छिपा कर दूसरों से पलवाते आ रहे हैं। लेकिन अब भारतीयों को खुश हो जाना चाहिए कि अब उन के उपनिषदों के सत्यकाम जाबालों की समस्या का समाधान होने जा रहा है कि उन के वे ब्राह्मण-जार-पिता कौन हैं जो घर में आई नौकरानियों और रास्ते चलते पराई औरतों को गैर-जिम्मेदारी से गर्भणियाँ करते जाते हैं। उन्हें खुश हो जाना चाहिए कि महाभारत में अब कर्ण की नहीं बल्कि कर्ण के जार-बाप की मौत होगी। अब बौधायन धर्मसूत्र (1/11/14-16) के सूत्रकार को यह लिखने का मौका नहीं मिलेगा कि 'वैश्य एवं शूद्र अपनी स्त्रियों को नियन्त्रण में नहीं रख पाते और स्वयं खेती-बारी एवं सेवा के कार्य में लगे रहते हैं।'[42]

सही बात यह है कि पैदा हो जाने में बच्चे की कोई गलती नहीं है। पैदा होने से पहले बच्चे को कुछ पता नहीं होता। 'अवैध' सन्तान नहीं होती बल्कि 'अवैध' पिता होता है। ऐसे मामलों में पिता ही कसूरवार ठहरता है। फिर, हर ऐसा बच्चा अपने पिता के बारे में जानना चाहा करता है। वह इस खोज में जीवन भर लगा रहता है। लेकिन अपराधी उस का जनक है जो उस से छिपता है। पुनः कहा जाए कि ऐसा नहीं है कि जन्म लेने वाला बच्चा यह तय करता है कि वह अमुक माँ-बाप से पैदा होगा। यह बच्चे के वश में नहीं है कि वह अपने माँ-बाप का चुनाव कर सके। वह अपनी माँ के वैवाहिक पति से पैदा होता है या विवाहेतर जारकर्म से पैदा होता है या बलात्कार से पैदा होता है—यह उस की नियति है, उस का चुनाव, या उस की स्वतन्त्रता, या उस का पुनर्जन्म नहीं। लेकिन अब दलित पुरुष चिकित्सा-विज्ञान की मदद से द्विज समाज के तीन हजार वर्षों के झूठ को एक साथ खोल देना चाहता है। वह द्विज समाज के कथनी और करनी के अन्तर को, बाद बदन्ते झूठे को, हिप्पोक्रेसी को, रिडल को और जारपन को दुनिया के सामने उजागर करना चाहता है कि वह कैसा आध्यात्मिक पुरुष है जो पराई स्त्रियों से सन्तान पैदा करके अवैध बाप बनता आ रहा है। इसलिए, एक कौम की समस्या होने के कारण दलितों को उन के अपने कहे जाने वाले बच्चों की पैतृकता की मैडिकल जाँच

करवाने की सुविधा अवश्य मिलनी चाहिए। यदि उन्हें यह सुविधा नहीं मिलती है तो फिर पूरी भारतीय दंड संहिता की भी क्या आवश्यकता रह जाती है? आखिर, द्विज समाज द्वारा अपने शूद्र से इस हद तक सेवा करवाई जा रही है कि वह अपनी औलाद को शूद्र के घर में भी पलवा रहा है। अपने घर से बाहर दलित ने द्विजों की सेवा की है और अपने घर के भीतर भी वह द्विजों की ही सेवा कर रहा है! मनुष्य सारा त्याग अपने परिवार और अपनी सन्तान के लिए किया करता है लेकिन यहाँ पता चलता है कि उस की सन्तान उस की अपनी नहीं है। यह संसार में 'ह्यूमन एलिएनेशन' की चरम सीमा है। निश्चित रूप से हर दलित के घर में ऐसा नहीं है लेकिन यहाँ एक व्यक्ति की नहीं बल्कि संस्था की और पीढ़ियों की बात हो रही है।

पैतृकता को ले कर दलित समाज की विशेष परेशानी है। मराठी के दलित साहित्यकार शरण कुमार लिंबाले ने अपनी **अक्करमाशी** नाम की आत्मकथा की भूमिका के रूप में–**लेखक की ओर से**–के शीर्षक में लिखा है–"मैं अपने इतिहास को अपनी माँ तक ही बता सकता हूँ। अधिक-से-अधिक माँ की माँ तक। उसके और पीछे की बात मैं नहीं जानता।"[43] उन्होंने आगे लिखा है–"यहाँ की नीति ने मेरे साथ एक अपराधी की तरह ही आचरण किया है। मेरे जन्म को ही यहाँ अनैतिक घोषित किया गया है।"[44] डॉ. पी. वी. काणे अपनी पुस्तक 'धर्मशास्त्र का इतिहास' में बौधायन धर्मसूत्र (1/11/14-16) को उद्धृत करते हुए लिखते हैं कि "वैश्य एवं शूद्र अपनी स्त्रियों को नियन्त्रण में नहीं रख पाते और स्वयं खेती-बारी और सेवा के कार्य में लगे रहते हैं।"[45] इधर, दलित लोग बौधायन धर्मसूत्र के उस प्रमाण से ले कर आज **अक्करमाशी** के लिखे जाने तक अपनी पैतृकता की समस्या को ले कर तंग आ गए हैं। दलित महिलाओं के साथ बलात्कार हुए हैं या उन्हें अन्यथा बहका कर उन के साथ जारकर्म किए गए हैं। यूँ, दलित पुरुषों ने दूसरों की औलाद अपने घरों में पाली है।

माननीय सुप्रीम कोर्ट ने अपने 'गौतम कुन्दू बनाम पश्चिमी बंगाल राज्य और एक अन्य' के मामले में निर्णय देते हुए यह लिखा है कि 'हमारे पास अधर्मज सन्तानों का संरक्षण करने के लिए इंग्लैंड की भाँति कोई विधान नहीं है।'[46] लेकिन ऐसा निर्णय देते समय माननीय सुप्रीम कोर्ट ने इस देश की सामाजिक संरचना को देखने की कोशिश नहीं की जो दलित समाज के लेखक बार-बार लिख और जता रहे हैं। मराठी के दलित साहित्यकार शरण कुमार लिंबाले ने जो अपनी उपरोक्त आत्मकथा **अक्करगाशी** शीर्षक से लिखी है उसमें 'अक्कर माशी' शब्द का अर्थ अधर्मज, अवैध और जारज सन्तान है। इसमें उन्होंने अधर्मज सन्तानों के संरक्षण की दृष्टि से लिखा है–"जिनके पास वर्ण श्रेष्ठत्व से प्राप्त सत्ता तथा वंश-परम्परा से प्राप्त सम्पत्ति रही है उन्होंने यहाँ की दलित स्त्रियों को सतत भोगा है। देहात-देहात के जमींदार, पटेलों ने खेतों में काम करने वाली दलित स्त्रियों के साथ ऐसा ही व्यवहार किया है। रंडियों की तरह उन्होंने इनका उपभोग किया है। दलितों की लड़कियाँ इनकी वासना का शिकार होती हैं। इनके द्वारा किए गए

स्वैराचार से सन्तति जन्म लेती रहती हैं। जमींदार के इशारे पर जौनवाला घर हर गाँव में होता है। पूरा गाँव इस घर को पटेल की रंडी का घर कहता रहता है। इस स्त्री की संतति की पहचान पटेल की रंडी के बच्चों के रूप में ही बनती है।"[47] लेकिन दलित घर अब ऐसे संरक्षण गृह बनना नहीं चाहते। इसलिए माननीय सुप्रीम कोर्ट को एक दर्दमन्द की तरह शरण कुमार लिंबाले और उनकी पूरी बस्ती के इस दुख का निदान ढूँढ़ना चाहिए जो उन्होंने अपनी इस पुस्तक में व्यक्त किया है। उन्होंने लिखा है–"वास्तव में, पिता के धर्म पर, उनकी जात-बिरादरी पर, किसी पर भी मेरा हक नहीं था।.....मेरे शरीर में एक सवर्ण का रक्त है–शिख से नख तक। भीतर के इस रक्त को क्या मैं निकाल बाहर कर सकता हूँ? मुझे अपने शरीर से घृणा हो रही है।"[48] वे आगे लिखते हैं–"मैं जो जी रहा हूँ वह वेदना मेरी अपनी है। उतनी ही वह इस पूरी बस्ती की है। गाँव के बाहर की इस बस्ती का दुख मेरा अपना है। इस बस्ती का जीवन मेरा अपना है। जमींदारों की इन कोठियों ने मुझे पागल कर दिया है।"[49] वास्तव में, कानून के अनुसार ऐसे लोगों को पिता के नाम के रूप में सम्मान पाने का अधिकार है।

यह निर्णय भारतीयता का नाम ले कर भी दिया गया है जो ब्रिटेन और अन्य देशों के निर्णयों के सामने भारतीयों को किसी चरित्र का नहीं छोड़ती। लेकिन यह एकतरफी और जबर की भारतीयता है। इसी देश में एक दूसरी भारतीयता भी है जो नए संविधान के तहत पीड़ित की मदद में जाती है। इसलिए कहना यही है कि भारतीयता को किसी ऐसी घिनौनी प्रथा से न जोड़ने दिया जाए जिस से विश्व में भारत का अपमान होता हो। पहले ही भारतीयता को हिन्दुत्व की सर्वव्यापी अस्पृश्यता से जोड़ कर यह देश विश्व में बहुत कलंकित हो चुका है। अब इसे जारकर्म और अवैध सन्तान पैदा करने वाले जबर वर्ग से एकाकार करवा कर और ज्यादा लज्जित न होने दें। संविधान की वैज्ञानिक दृष्टिकोण वाली बात को मान कर न्यायपालिका को विज्ञान का सम्मान करना चाहिए नहीं तो यह माना जाएगा कि उस ने धर्म के सामने अपना सिर झुका रखा है या घुटने टेक रखे हैं। यह भारत में 'वैवाहिक पिता बनाम जैविक पिता' का पुराना मुकदमा है जिस में अब पीड़ित पक्ष की मदद की जानी चाहिए। इस कार्य में भारत की संसद के माध्यम से चिकित्सा-विज्ञान हमारी मदद के लिए तैयार खड़ा है जिस में चोरी और जारी को भारतीयता नहीं कहा जा सकता।

संदर्भ

1. भारत का संविधान, 1 सितम्बर, 1991 को यथाविद्यमान, भारत सरकार, विधि, न्याय और कम्पनी कार्य मंत्रालय, विधायी विभाग, राजभाषा खंड, सिविल लाइन्स, दिल्ली-110054, पृ.-X X
2. वही, पृ.-6
3. वही. पृ.-7
4. वही, पृ.-15
5. वही, पृ.-80
6. वही, पृ.-7
7. दण्ड प्रक्रिया संहिता, 1973, 3 जनवरी, 1994 को यथाविद्यमान, भारत सरकार, विधि, न्याय और कम्पनी कार्य मन्त्रालय, प्रकाशन-नियन्त्रक, सिविल लाइन्स, दिल्ली-110054, चौथा संस्करण 1994, पृ.-17
8. विविध अपराध निर्देशिका, ममता श्रीवास्तव, लॉ काटेज, 86-A, दरभंगा कालोनी, इलाहाबाद, प्रथम संस्करण 1992, पृ.-6
9. वही, पृ.-6
10. वही, पृ.-6
11. चिकित्सा न्यायशास्त्र और विषविज्ञान, लेखक डॉ. सी. के. पारिख, अनुवादक डॉ. नरेन्द्र कुमार पटोरिया, विधि साहित्य प्रकाशन, विधि और न्याय मन्त्रालय, भारत सरकार, भगवानदास मार्ग, नई दिल्ली-110001, द्वितीय परिवर्धित और संशोधित संस्करण 1989, पृ.-512
12. भारतीय दण्ड संहिता, 1860, भाग-2, शैलेन्द्र कुमार अवस्थी, अशोका लॉ हाउस, 16-2/ए, लाउदर रोड, जार्ज टाउन, इलाहाबाद-211002, 1992, पृ.-610
13. विविध अपराध निर्देशिका, ममता श्रीवास्तव, लॉ काटेज, 86-A, दरभंगा कालोनी, इलाहाबाद, प्रथम संस्करण 1992, पृ.-2-3
14. भारतीय साक्ष्य अधिनियम, 1872, 1 अगस्त, 1990 को यथाविद्यमान, भारत सरकार, विधि और न्याय मन्त्रालय, प्रकाशन-नियन्त्रक, सिविल लाइन्स, दिल्ली-110054, पाँचवाँ संस्करण 1990, पृ.-38
15. वही, पृ.-3
16. गौतम कुन्दू बनाम पश्चिमी बंगाल राज्य और एक अन्य : 1993 : न्यायमूर्ति ए. एम. अहमदी और एस. मोहन, उच्चतम न्यायालय निर्णय पत्रिका (1994) 3 उम. नि. प. : 141 (149)
17. वही, पृ.-150
18. वही, पृ.-150
19. वही, पृ.-154
20. वही, पृ.-144
21. कुटुम्ब न्यायालय अधिनियम, 1984, एशिया ला एजेन्सी, 1, महात्मा गाँधी मार्ग, इलाहाबाद-211001, 1994, पृ.3-4
22. वही, पृ.-6
23. वही, पृ.-6
24. वही, पृ.-7
25. "The 'person compelled' must have been an accused person in a criminal prosecution."
    The A.I.R. Manual, Civil & Criminal, Vol. 10, by V.R. Manohar and W.W. Chitaley, All India Reporter Limited, P.B. No. 209, Congress Nagar, Nagpur-440 012, 5th Edition, 1989, p.-21
26. "Giving thumb impressions or impressions of foot or palm or fingers or specimen writings or showing parts of the body by way of identification are not included in the expression - 'to be a witness'."
    ibid., p.-23

27. "Application by wife for executing order for maintenance—Application resisted by husband on ground that she committed adultery and gave birth also to a child subsequent to order—Magistrate directing her to submit to Medical Examination—Held that no question of testimonial compulsion would arise as the petitioner was not an accused person."
ibid., p.-24.
28. "Taking of blood from accused for testing to see, if he could have committed the crime alleged against him, will not amount to 'compelling the accused to be a witness against himself' within the meaning of Art. 20 (3)".
ibid., p.-24.
29. " 'To be a witness' means imparting knowledge in respect of relevant facts by an oral statement or a statement in writing made or given in Court or otherwise."
ibid., p.-23
30. गौतम कुन्दू ब. पश्चिमी बंगाल राज्य (न्या. मोहन), उच्चतम न्यायालय निर्णय पत्रिका (1994) 3 उम. नि. प., 141 (151)
31. हिन्दू विवाह अधिनियम, इन्द्रजीत मल्होत्रा, ईस्टर्न बुक कम्पनी, 34, लाल बाग, लखनऊ–226001, द्वितीय संस्करण 1991, पृ.-223
32. वही, पृ.-247
33. भरण-पोषण का कानून, डॉ. राधेश्याम द्विवेदी, मल्होत्रा पब्लिशिंग हाउस, 255 के. एल. कीटगंज, इलाहाबाद–211003, प्रथम संस्करण 1991, पृ.-1
34. हिन्दू विधि, चन्द्रनाथ झा, सुविधा ला हाउस, 28, मालवीय नगर, रोशनपुरा, भोपाल-462003, 1991, पृ.-211
35. भरण-पोषण का कानून, डॉ. राधेश्याम द्विवेदी, मल्होत्रा पब्लिशिंग हाउस, 255 के. एल. कीटगंज, इलाहाबाद-211003, प्रथम संस्करण 1991, पृ.-2
36. अनुसूचित जातियों तथा जनजातियों पर अत्याचार : कारण और उपाय, राष्ट्रीय अनुसूचित जाति तथा अनुसूचित जनजाति आयोग की रिपोर्ट, भारत सरकार, अप्रैल, 1990, पृ.-65
37. Annual Report 1993-94, Ministry of Welfare, Government of India, pp.-A-26, A-27, A-28, A-29, A-32 and A-33
38. वार्षिक रिपोर्ट, 1994-95, कल्याण मन्त्रालय, भारत सरकार, पृ.-143
39. गृहस्थ में कैसे रहें?, स्वामी राम सुख दास, पृ.-89
40. वही, पृ.-90
41. वही, पृ.-10
42. धर्मशास्त्र का इतिहास, प्रथम भाग, मूल लेखक डॉ. पाण्डुरंग वामन काणे, अनुवादक अर्जुन चौबे काश्यप, उत्तर प्रदेश हिन्दी संस्थान, राजर्षि पुरुषोत्तमदास टण्डन हिन्दी भवन, महात्मा गाँधी मार्ग, लखनऊ, तृतीय संस्करण 1980, पृ.-299
43. अक्करमाशी, शरण कुमार लिंबाले, अनुवादक सूर्य नारायण रणसुभे, ग्रंथ अकादमी, 1686, पुराना दरियागंज, नई दिल्ली-110002, प्रथम संस्करण 1991, पृ.-7
44. वही, पृ.-7
45. धर्मशास्त्र का इतिहास, प्रथम भाग, पृ.-299
46. गौतम कुन्दू बनाम पश्चिमी बंगाल राज्य और एक अन्य : उच्चतम न्यायालय निर्णय पत्रिका (1994) 3 : पृ.-150
47. अक्करमाशी, शरण कुमार लिंगाले, पृ.-54
48. वही, पृ.-117
49. वही, पृ.-117

अध्याय-5

पैतृकता की खोज का प्रभाव

हिन्दू विधि में रक्त-सम्बन्ध का बहुत महत्व है। इस में माता-पिता, भाई और बहन के रिश्ते पक्के होते हैं। उत्तराधिकार में सम्पत्ति का बँटवारा इसी रक्त-सम्बन्ध के आधार पर होता है। इसी क्रम में उड़ीसा के उच्च न्यायालय का निर्णय है कि एक हिन्दू स्त्री और उस के सौतेले बेटों में कोई रिश्ता नहीं होता।[1] गुजरात उच्च न्यायालय के एक निर्णय में 'बायोलोजिकल नेचुरल पेरेन्ट्स' शब्दों का प्रयोग हुआ है।[2] आन्ध्र प्रदेश के उच्च न्यायालय ने पालनकर्ता पिता को कोई महत्व नहीं दिया है। उन्होंने वास्तविक पिता को ही पिता माना है।[3] इस मामले में महाराष्ट्र के उच्च न्यायालय ने रक्त-सम्बन्धियों के जाति प्रमाण-पत्रों को भी मान्य नहीं किया है क्योंकि वे झूठे हो सकते हैं।[4] पैतृकता के इस कानून को 'आंग्ल-भारतीय समुदाय' की संविधान के अनुच्छेद 366 (2) में दी गई परिभाषा से अच्छी तरह समझा जा सकता है। यह इस प्रकार है—''आंग्ल-भारतीय से ऐसा व्यक्ति अभिप्रेत है जिस का पिता या पितृ-परम्परा में कोई अन्य पुरुष जनक यूरोपीय उद्भव का है या था, किन्तु जो भारत के राज्य क्षेत्र में अधिवासी है और जो ऐसे राज्यक्षेत्र में ऐसे माता-पिता से जन्मा है या जन्मा था जो वहाँ साधारणतया निवासी रहे हैं और केवल अस्थायी प्रयोजनों के लिए वास नहीं कर रहे हैं।''[5] असम के उच्च न्यायालय ने इसी परिभाषा का स्पष्टीकरण देते हुए निर्णय दिया है कि 'जनक' में आवश्यक रूप से पितृ पक्ष है और उस में माता नहीं गिनाई जा सकती।[6] लेकिन उसी न्यायालय ने अंग्रेज पिता और खासी जाति की माता से पैदा सन्तान को खासी जनजाति की माना है।[7]

पैतृकता की जांच का इतना महत्व होने के कारण इस से दलित, पिछड़े और जनजातियों की स्त्रियों का यौन-शोषण रोका जा सकता है। 14 जुलाई, 1996 के 'द हिन्दुस्तान टाइम्स, नई दिल्ली' में एक समाचार 'डी एन ए टेस्ट नेल्स फिलान्डेरिंग पैटरियार्क' शीर्षक से प्रकाशित हुआ है। इस समाचार के अनुसार गुजरात के बड़ौदरा जिले में आचार्य विनोबा भावे के भूदान आन्दोलन का एक सामाजिक कार्यकर्ता हरि बल्लभ पारिख है। वह अपने **आनन्द निकेतन आश्रम** को चला रहा है और आदिवासियों में काम करता है। आश्रम में एक आदिवासी लड़की गर्भवती हुई और उस के मरा हुआ

बच्चा पैदा हुआ। वह नजदीक के मैदान में दबा दिया गया। आदिवासी लड़की ने आरोप लगाया कि उस के मरे हुए बच्चे का पिता हरि बल्लभ पारिख है। हरि बल्लभ पारिख ने इस आरोप को झूठा बताया और कहा कि उस मरे हुए बच्चे का पिता एक आदिवासी लड़का रेमल रथवा नाम का है। मामले ने तूल पकड़ा और 11 दिन बाद दबे हुए बच्चे का शरीर जमीन से निकाला गया और डी. एन. ए. परीक्षण ने सिद्ध किया कि बच्चे का पिता रेमल रथवा न हो कर हरि बल्लभ पारिख है।[8] यह व्यक्ति 72 वर्ष का कहा गया है और पिछले 40 वर्ष से इस क्षेत्र का सम्मानित व्यक्ति है। यहाँ भँवरी देवी के मामले में जज महोदय के निर्णय की यह अवधारणा भी समाप्त हो जाती है कि सम्मानित और अधिक उम्र के व्यक्ति ऐसा नहीं कर सकते।

लेकिन बड़े दुःख की बात है कि मेडिकल डॉक्टर पैतृकता के बारे में उन से पूछे जाने पर लोगों को सही ज्ञान नहीं देते। वे अपने उत्तर में झूठ तक बोलते हैं। वे अन्ध-विश्वास को कायम रखते हैं और उसे फैलाते हैं। ऐसा एक उदाहरण अंग्रेजी के एक दैनिक समाचार-पत्र 'द हिन्दुस्तान टाइम्स' में छपा है। किन्हीं टीटीटी ने पूछा है—"मेरी पत्नी का रक्त-समूह 'ओ पोजिटिव' तथा मेरा 'बी पोजिटिव' है। अभी हाल ही में पैदा हुए पुत्र का रक्त-समूह 'ए पोजिटिव' है। मैं इस में थोड़ा परेशान हूँ। कृपया, मुझे यह बताने का कष्ट करें कि 'ओ पोजिटिव' और 'बी पोटिटिव' के माता-पिता से पैदा सन्तान का रक्त-समूह क्या होगा? क्या मेरा केस मेरी पत्नी की चरित्रहीनता का द्योतक है।"[9]

इस प्रश्न को पढ़ कर लगता है कि यह कोई साधारण प्रश्नकर्ता नहीं है। वह अपनी समस्या के करीब-करीब नजदीक पहुँचा हुआ है। उस ने अपने, अपनी पत्नी के और पत्नी से पैदा हुए बच्चे के रक्त-समूह पहले ही जाँच करवा रखे हैं। उसे अपनी पत्नी के चरित्र पर सन्देह भी है। अनुमान यह भी लगाया जा सकता है कि इस ब्लड-ग्रुप से पैदा हुए सन्देह के पहले उस के मन में पहले से ही दूसरे सन्देह रहे थे। रक्त-समूह की जाँच उस की आखिरी पहुँच है। उस की पहली पहुँच दूसरे तरह के साक्ष्यों की रही होगी। इस प्रश्न का उत्तर डॉ. शकुन्तला देवेसर ने दिया है। वह उत्तर इस प्रकार है—"आप का केस जरूरी रूप से आप की पत्नी की चरित्रहीनता का द्योतक नहीं है। आप को अपने माता-पिता और अपने पत्नी के माता-पिता के रक्त-समूहों की पहचान होनी चाहिए। कभी-कभी किसी बच्चे में अपने एक या एक से अधिक दादा-दादी या नाना-नानी के चरित्र उभर सकते हैं। इसलिए परेशान न होइए। पैतृकता की स्थापना के लिए टिश्शू टाइपिंग की तथा अन्य परीक्षाएँ भी सम्भव हैं। यदि आप को सच में समस्या तंग कर रही है तो इन जाँचों को करवाइए जिस से आपकी पत्नी का नाम साफ आ सके और आप अजीबोगरीब विचारों के चक्कर में न रहें।"[10]

प्रश्नकर्त्ता का प्रश्न बहुत संक्षिप्त और विशेष था। उसने पूछा था कि रक्त-समूह O^+ और B^+ से किस-किस रक्त-समूह के बच्चे पैदा हो सकते हैं। तालिका देखने पर

उत्तर एकदम साफ था कि इन रक्त-समूहों के जोड़ों से रक्त-समूह O+ और B+ के बच्चे ही पैदा हो सकते हैं। निश्चित रूप से रक्त-समूह A+ का बच्चा इस पति से पैदा बच्चा नहीं है। इस में पति या पत्नी के माता-पिता के रक्त-समूह की जाँच की कोई आवश्यकता नहीं है। लेकिन डॉ. शकुन्तला देवेसर ने अपने उत्तर में समाधान को उलझाया है। इस में कबीर की भाषा में कहा जा सकता है–"मैं कहता सुरझावन हारी तू रहता उरझाई रे।"

डॉ. शकुन्तला देवेसर का यह उत्तर संविधान के अनुच्छेद 51 (क) (ज) के विरोध में जाता है। उस अनुच्छेद में प्रत्येक नागरिक का कर्तव्य वैज्ञानिक दृष्टिकोण को अपनाने का माना गया है। कर्ण को 'नीच जाति के सूतपुत्र के रूप में ज्ञात होने से सम्पूर्ण जीवन भर कलंक सहना पड़ा'[11] था। न्यायमूर्ति वेंकटरामाया ने कर्ण की तरफ से बोला गया भट्ट नारायण के 'वेणी संहार' से उद्धरण दिया है–"मैं सूत या सूतपुत्र हो सकता हूँ। मैं कोई भी हो सकता हूँ। इस से क्या अन्तर पड़ता है? (उच्च) जाति में जन्म लेना भगवान की इच्छा है, किन्तु मुझ में शौर्य है।"[12] देखा जा सकता है कि यहाँ कर्ण का दुःख यह नहीं है कि वह अज्ञात कुल का है बल्कि यह है कि वह सूत या सूतपुत्र है। यूँ, जाति के आधार पर लोगों को नुकसान उठाने पड़े हैं। समस्या कर्ण की नहीं थी बल्कि उसके सूतपुत्र होने की थी। न्यायमूर्ति कृष्ण अय्यर ने **थामस** वाले मामले में इस समस्या का समाधान सुझाना चाहा है। उन का समाधान इस प्रकार है–"अन्ततः इस समस्या का हल सामाजिक वातावरण में वृद्धि करने से ही हो सकता है जिसके साथ शिक्षा सम्बन्धी सुविधाएँ राज्य द्वारा और व्यापक स्तर पर होनी चाहिए। जातीय और अन्तर्वर्गीय विवाहों को प्रोत्साहन दे कर परसंसेचन (क्रास फर्टिलाइजेशन) भी है और यह समाधान पिछड़े हुए वर्गों के निहित हितों की दृष्टि से छिपा हुआ है जिन का उद्देश्य पिछड़ेपन के फायदे प्राप्त करना है।"[13] लेकिन पता चलता है कि जारज सन्तानों की तुलना में ये अन्तर्जातीय और अन्तर्वर्गीय विवाह पर्याप्त नहीं हैं।

क्या किसी द्विज निर्धन को 'अक्करमाशी' के मराठी लेखक शरण कुमार लिंबाले की इस सामाजिक स्थिति का आभास है जो उन्होंने अपनी इस आत्मकथा में अनुभव किया है? वे लिखते हैं–"स्कूल में मेरे नाम के आगे हणमंता लिंबाले का नाम लगाया गया। कहीं से हणगंता को इसका पता चल गया। चार-पाँच लोग लिए वह तुरन्त हन्नूर आया। गाँव के दोस्तों और बिरादरी के लोगों को साथ लिए वह हेडमास्टर से मिला। उन दिनों भोंसले गुरु जी हैडमास्टर थे। शिक्षकों का वेतन सतरह रुपए था। हाथ में सौ का नोट ले कर हणमंता भौंसले गुरु जी के पास गया। बन्दूक का डर भी वह दिखा रहा था। पर भोंसले गुरु जी जबरदस्त व्यक्ति थे। निर्भीक। उन्होंने दृढ़ शब्दों में कहा, "इस लड़के का बाप कौन है, यह इस की माँ बतलाएगी और उसके द्वारा बतलाया गया नाम ही मैं हाजिरी रजिस्टर में लिखूँगा।" झगड़ा हुआ। हणमंता ने बहुत कोशिश की। गिड़गिड़ाने लगा। पर कुछ नहीं हो सका। भोंसले गुरु जी के कारण मुझे मेरे पिता का

नाम मिल गया।"[14] तभी पूछा जा सकता है कि क्या इस सामाजिक स्थिति से कोई द्विज निर्धन अपने दुःखों की तुलना कर सकता है? आखिर, उस द्विज बच्चे को अपने निर्धन पिता की गोद तो मिल जाती है। यहाँ पुत्र को अपने पिता का प्रेम तक नहीं मिल रहा है जो निर्धन अवस्था में भी एक द्विज बच्चे के लिए गुणात्मक साहस का काम कर जाता है।

शरण कुमार लिंबाले ने इस पुस्तक में भूमिका के रूप में 'लेखक की ओर से' के शीर्षक में एक तुलना की भी है। वे लिखते हैं :

> "यहाँ अपने एक अनुभव को बतलाने की इच्छा हो रही है। मैं और मेरा एक मित्र अशोक जेठीभोर एक बैंक में गए थे। मुझे बैंक में अपना एकाउन्ट खोलना था। मैंने आवश्यक प्रार्थना-पत्र भर दिए। प्रार्थना-पत्र में 'पूरा नाम' के स्थान पर मैंने केवल शरण कुमार लिंबाले ही लिखा। इस से बैंक में विवाद शुरू हुआ। बैंक मैनेजर का कहना था कि शरण कुमार लिंबाले यह पूर्ण नाम हो ही नहीं सकता। आप अपने पिता का नाम लिखिए। पिता के बगैर कोई कैसे जन्म ले सकता है? मैं जिद पकड़ गया। मैंने कहा, "मेरे पिता नहीं हैं।"
>
> "मैनेजर का कहना था, "मेरे भी पिता नहीं है। फिर भी मैं पिता का नाम लगाता हूँ। उन्हें गुजरे पाँच वर्ष हो गए।"
>
> "मैं काफी बेचैन उध्वस्त-सा था। अशोक बीच-बचाव करते कहने लगा, "साहब, ये किस पिता से जन्मे हैं, इन्हें ही नहीं मालूम। इन्हें इनके पिता का ही पता नहीं तो ये किस का नाम पिता के रूप में लगाएँगे?" बैंक मैनेजर भी परेशान।"[15]

तभी शरण कुमार लिंबाले पूछते हैं—"इस प्रकार की स्थितियों को मैं कब तक मौन हो कर सहता रहूँ हूँ।"[16] उन्होंने अपने बचपन को याद करते हुए अपनी माँ और हणमंता के बारे में लिखा है—"मसाई के प्रति हणमंता का आकर्षण अब कम होने लगा। रोज झगड़े होते। हणमंता कहता, यह लड़का मेरा नहीं है। उस की आँखें धोंडी कुम्हार की तरह हैं। कुम्हार धोंड़ी ब्रिटिशों के समय का बहुत बड़ा डकैत था। अन्त में हणमंता के अत्याचारों और आरोपों से तंग आ कर मसामाय मुझे ले कर अपनी माँ संतामाय के घर आ गई।"[17]

यह एक रखैल के पुत्र का बयान है। इस बयान से आर्थिक आधार के निर्धन द्विज की कोई तुलना नहीं है। लेकिन यदि कोई वेश्या का पुत्र या पुत्री अपनी आपबीती बताने लगे तो तब क्या होगा? वह आत्म-कथा सच में 'बयान बाहर' होगी। हिन्दी भाषा में वेश्याओं और वेश्या पुत्रियों के जीवन पर आधारित अनेक दर्दनाक फिल्में आ चुकी हैं। एक सभ्य और समस्याओं से सरोकार रखने वाले समाज के लिए वे फिल्में मनोरंजन की वस्तुएँ नहीं हो सकतीं। वे सच में पिछड़े वर्ग का निर्माण करती हैं। उधर, केरल के

समाज में यह समस्या विकट रूप में सामने आ रही है। राज्य महिला आयोग के सामने वायनाड जिले के एक तिरुनेल्ली क्षेत्र में ही 169 मामले उभरे हैं जहाँ बिन ब्याही माताओं के बच्चे भुखमरी सह रहे हैं। राज्य महिला आयोग इन 169 औरतों के लिए 25 लाख रुपये का ऋण दे कर इन की सहायता करने के लिए सरकार से कहने जा रहा है। सात जिलों में अब तक उस के सामने 1600 मामले आ चुके हैं।[18] लेकिन आयोग का एक अन्य महत्वपूर्ण विचार यह है कि डी. एन. ए. की जाँच का केन्द्र केरल राज्य में स्थापित किया जाना चाहिए जो अब तक हैदराबाद में है और बहुत महंगा पड़ता है। आयोग ने राज्य सरकार से कहा है कि उस जाँच से औरतों को गर्भवती करने वाले पुरुषों को जिम्मेदार ठहराया जा सकता है।[19]

उधर, हिन्दुओं की आर्य सभ्यता में वेश्यावृत्ति एक अनिवार्य घटक है। डॉ. काणे ने लिखा है कि 'ऋग्वेद से प्रकट है कि उस काल में कुछ ऐसी भी नारियाँ थीं, जो सभी की थीं, और वे थीं वेश्या या गणिका।'[20] वे बताते हैं कि 'उस समय भी ऐसी नारियाँ थीं जो गुप्त रूप से बच्चा जन कर उसे मार्ग के एक ओर रख देती थीं।'[21] ऋग्वेद में कई स्थानों पर 'जार (गुप्त प्रेमी) का उल्लेख हुआ है।'[22] उन्होंने गौतम, मनु, महाभारत, याज्ञवल्क्य और नारद के प्रमाण-ग्रन्थों से सिद्ध किया है कि उन-उन समयों में वेश्यावृत्ति पूरी तरह विद्यमान रही है। कौटिल्य के अर्थशास्त्र में वेश्यावृत्ति इतनी महत्वपूर्ण और आवश्यक है कि उसे स्वतन्त्र रूप से एक अलग विभाग बना कर उस के लिए 'गणिकाध्यक्ष'[23] की नियुक्ति करनी पड़ी है।

इसी तरह चौदहवीं सदी के ग्रन्थ पराशर-माधवीय की व्याख्या के अनुसार 'केरल देश (प्रदेश) में व्याप्त वेश्यागमन के अनाचार को राजा द्वारा (तत्कालीन) मान्यता देनी पड़ती है। उस देश के किसी व्यक्ति का वेश्यागमन-अपराध साक्ष्य द्वारा प्रमाणित हो जाने पर भी न्यायाधिकरण अथवा राजा उस को दण्डित नहीं कर सकता।'[24] आधुनिक भारत में भी वेश्यावृत्ति पूरे जोरों पर है। जोरों पर इसलिए है क्योंकि इस देश के लोग ऐसा कानून नहीं बना सकते और न उसे लागू कर के दिखा सकते हैं जो वेश्यावृत्ति के विरोध में हो। ये परिभाषा ही ऐसी बनाते हैं जिस से गिनती में वेश्यावृत्ति का दायरा छोटे से छोटा हो। आज भी ये जारकर्म को वेश्यावृत्ति नहीं कहते। आज का हिन्दू कानून दूसरी पत्नी, उपपत्नी और रखैल रखने की पूरी इजाजत देता है। भारतीय पतिता उद्धार सभा के राष्ट्रीय अध्यक्ष श्री खैराती लाल भोला का मानना है कि 'वेश्याएँ समाज के कूड़ा-कर्कट को अपने में समाहित कर लेती हैं।'[25] उन का यह भी कहना है कि 'इसलिए भारत में दूसरे देशों के मुकाबले बलात्कार की घटनाएँ कम होती हैं।'[26] लेकिन श्री खैराती लाल भोला की यह बात सही नहीं मानी जा सकती कि भारत में बलात्कार की घटनाएं कम होती हैं क्योंकि वेश्या बनने की प्रक्रिया ही सब से बड़ा बलात्कार होता है। लड़की को भगा कर या उठा कर लाना, महीनों तक कोठे से नीचे न उतरने देना, संभोग के लिए मना करने पर मारना-पीटना—यह सब केवल बलात्कार है। खैर, मूल समस्या

यहाँ आ कर रुकती है कि वेश्याओं के बच्चे भी होते हैं। एक सर्वेक्षण के अनुसार इस देश में करीब 25 लाख औरतें वेश्यावृत्ति के धन्धे में लगी हुई हैं और उनके लगभग 60 लाख बच्चें हैं।[27] एक अनुमान के अनुसार इस समय देश में लगभग 75 लाख काल गर्ल अलग से हैं।[28] हाँ, इस शोध की दृष्टि से श्री खैराती लाल भोला ने जो महत्व की बात कही है वह यह है कि 'वेश्याओं के बच्चों को अछूत नहीं समझना चाहिए क्योंकि वे इसी समाज की देन हैं।'[29] उन्होंने 'समाज के सजग नागरिकों से अपील करते हुए कहा है कि अगर पतिता उद्धार सभा को एक रुपया चन्दा लोग देने लगें तो हम देश भर में इतने स्कूल खोल देंगे कि आने वाले दिनों में किसी भी वेश्या का बच्चा बिना पढ़े नहीं रह सकेगा।'[30] उन्होंने वेश्याओं के ऐसे अनाथ बच्चों के लिए दिल्ली, इलाहाबाद और बनारस में तीन स्कूल खोल रखे हैं जिस में एक रुपए 5 पैसे की दर से सरकार उन की मदद करती है। पाँच वर्ष के लम्बे संघर्ष के बाद श्री खैराती लाल भोला को 1992 में मद्रास हाई कोर्ट में जो सफलता मिली है वह यह है कि अब 'स्कूल में दाखिले के लिए पिता के नाम के स्थान पर माँ का नाम लिखा जा सकता है।'[31]

संदर्भ

1. "There is no relationship between a Hindu female and her step-sons. AIR 1964 Orissa 136 (138) (DB)."
   The AIR Manual, Volume 26, p.-838
2. 'Biological natural parents' : 1992 (2) Guj. L.R. 1317 (1324, 1325) (D.B.) AIR Manual, Vol. 26., p.-844.
3. "In determining the status of a child, the status of parents alone should be considered and not the status of the foster parents. Where a child of non-tribal parents was brought up by a tribal, it cannot be said that the child belongs to the tribal comminity."
   AIR 1990 Andhra Pradesh 271 (272).
   The AIR Manual, Vol. 13, p.-647
4. "In controversy regarding the determination of a particular caste, whether it is Scheduled Caste or not, the Caste Certificates of blood relations cannot become conclusive proofs. At the most such caste certificates of blood relations can be used as a guideline and/or a circumstance to be taken into consideration but along with the other evidence on the record". AIR 1987, Bom 354 (357) (DB) : 1987 Mah LJ 801."
   The AIR Manual, Vol. 13, p.-640
5. भारत का संविधान, 1991, पृ.-106
6. "It may be reasonably contended that having regard to the context, the word 'parent' in Art. 366 (2) should necessarily mean male parent and will not include the mother." AIR Assam 128 (137) (DB).
   The AIR Manual, Vol. 13, p.-706
7. "Person born of English father and Khari mother can be classed as a Khari Tribal......."
   AIR 1958 Assam 128 (129, 130) (DB)
   The AIR Manual, Vol. 13, p.-706

8. "The DNA Test report made available by SFSL (State Forensic Science Laboratory) has confirmed clearly that the culprit is not Raymal Rathwa, but the 72-year old Hari Ballabh Parikh, who had been enjoying enormous political clout in the tribal area of Chhotaudepur, for the last 40 years."
The Hindustan Times, New Delhi, Dated 14.7.1996.

9. "The blood group of my wife is O^+ and mine is B^+. The son born recently has A^+. I am a little upset by this. Kindly advise the possible blood group which emerges out of a couple with O^+ and B^+. Could my case be indicative of my wife's infidelity?"
The Hindustan Times, New Delhi, Help Mate, Dated 28.8.96

10. "Your case need not necessarly indicate your wife's infidelity. You should find out the blood group of your parents and your wife's parents. A child may sometimes exhibit characterstics of one or more of the grand parents, so do not be upset. Also, it is possible to do tests such as tissue typing and others to establish paternity. If the problem is bothering you, then do go ahead and get these tests done so that your wife's name can be cleared and you are not haunted by uncertain thoughts."

11. वसन्त कुमार, पृ.-790 12. वही, पृ.-790

13. थामस, पृ.-1054-55

14. अक्करमाशी, शरण कुमार लिंबाले, पृ.-68-9

15. वही, पृ.-10 16. वही, पृ.-10

17. वही, पृ.-58-9

18. "The State Women's Commission has chalked out a scheme to rehabilitate the unwed mothers in the State. The scheme called 'Nari Nidhi' will be beneficial to the women who had no legal husbands mostly found in the Thirunelli part of Waynad district, according to the commission."
Scheme to rehabilitate unwed mothers. The Indian Express, Thiruvanthapuram Edition, Dated 7.2.1997.

19. "They also urged the Government to set up a DNA testing centre in the State immediately so that the men who are responsible for the pregnancy of these mothers can be brought into light."
ibid.

20. धर्मशास्त्र का इतिहास, प्रथम भाग, डॉ. पी. वी. काणे, पृ.-353

21. वही, पृ.-353 22. वही, पृ.-353

23. कौटिल्य का अर्थशास्त्र, पृ.-207-211

24. हिन्दू विधि के सिद्धान्त, विनायक विष्णु देशपाण्डे, पृ.-36

25. 'वेश्याओं के बच्चे अछूत नहीं समाज की ही देन हैं', जेवीजी टाइम्स, नई दिल्ली, दिनांक 22 जुलाई, 1996, पृ.-4

26. वही

27. 'सिक्का चलता है कोठों पर कोठे वालियों का', वही

28. वही

29. 'वेश्याओं के बच्चे अछूत नहीं समाज की ही देन हैं', वही

30. वही 31. वही

अध्याय-6

आजीवक सिविल संहिता, 2007

पहला अध्याय

सामान्य

1. आवश्यकता और परम्परा :

आजीवक लोग भारत में प्रचलित सभी धर्मों के लोगों से अलग पहचान के लोग हैं और इन की संख्या बहुत अधिक है। इसलिए यह आवश्यक हो गया है कि इन के लिए इन की अलग से एक सिविल संहिता तैयार की जाए। इससे कानूनों और मान्यताओं के क्षेत्र में इन का अमूल्य सदाचार और इन की विशिष्ट जीवन-पद्धति विश्व से लुप्त नहीं हो पाएगी। यह भी कहा जा रहा है कि यह सिविल संहिता आजीवक समाज के लोगों पर हमेशा उजागर रही है। अब यह सोच कर कि उन हितैषियों का महान दृष्टिकोण बेकार न चला जाए इसे पुनः तैयार किया जा रहा है। मूल भावना यह है कि आजीवक समाज के लोग अपने समय, इतिहास और भूगोल के अनुसार इस का जिम्मेदारी से पालन करते रहेंगे। भावी आजीवकों को इस के सही दिशा में विकास करने की यथेष्ट स्वतन्त्रता दी गई है।

2. मूल सिद्धान्त :

यह संहिता इन मौलिक सिद्धान्तों के आधार पर तैयार की जा रही है कि आजीवक लोग—

(क) मरने के बाद व्यक्ति के चिड़िया की तरह फुर्र से उड़ जाने वाली किसी आत्मा और उस के पुनर्जन्म में विश्वास नहीं रखते;

स्पष्टीकरण : आजीवक लोग यह मानते हैं कि आनुवांशिक दृष्टि से माता-पिता अपने बच्चों को जन्म देते हैं या उन के थ्रू बच्चों का जन्म होता है और जन्म लिया हुआ मनुष्य अपने मानवीय गुणों को अर्जित और विकसित करता रहता है।

(ख) यह नहीं मानते कि व्यक्ति अपने किसी पिछले जन्म के कर्मफलों को भुगतता है;

स्पष्टीकरण : शारीरिक, मानसिक और सामाजिक दृष्टि से व्यक्ति अपने पुरखों के, माता-पिता के और रिश्तेदारों के तथा दुश्मनों आदि के अच्छे-बुरे किए को भुगत सकता है।

(ग) किसी भी रूप के असम्बद्ध ईश्वर को नहीं मानते और किसी मोक्ष, निर्वाण या कैवल्य की खोज में नहीं हैं;

स्पष्टीकरण : आजीवक लोग पारम्परिक तर्कशास्त्र के ईश्वरवादी या अनीश्वरवादी होने को बाध्य नहीं हैं। ये अपने विश्वासों में कुछ भी हो सकते हैं। इन का कोई भी ईश्वर 'लौकिक ईश्वर' और कोई भी परलोक 'लौकिक परलोक' होगा।

(घ) लोक से कटे हुए, हटे हुए या छूटे हुए किसी परलोक को नहीं मानते और ऐसे किसी पारलौकिक आधार के संस्कार को सामाजिक जीवन में हानिकर मानते हैं;

स्पष्टीकरण I : आजीवक लोगों के विवाह के मामले में करार वाले अपने सामाजिक संस्कार हो सकते हैं।

स्पष्टीकरण II : आजीवक लोग अपने लोक में बहिर्लोक और अन्तर्लोक को मानते हैं, जहाँ लोक में ज्ञानेन्द्रियों द्वारा प्रत्यक्ष होता हुआ बहिर्लोक है जो प्रकट और लोप होता रहता है तथा अन्तर्लोक में स्मृति, स्वप्न, कल्पना, ख्याल और विचार आदि हैं।

स्पष्टीकरण III : आजीवक लोगों के लोक में गैर-आजीवकों की परिभाषाओं के सारे लोक और परलोक तथा ईश्वर और अध्यात्म समाए हुए हो सकते हैं।

(ङ) हिन्दुओं, ब्राह्मणों, बौद्धों, जैनियों या सिक्खों के किसी धर्मग्रन्थ को अपना धर्मग्रन्थ नहीं मानते;

स्पष्टीकरण I : आजीवक लोग मुसलमानों, ईसाइयों, पारसियों या यहूदियों के किसी धर्मग्रन्थ को भी अपना धर्मग्रन्थ नहीं मानते।

स्पष्टीकरण II : आजीवक लोग अधार्मिक या धर्महीन नहीं हैं।

(च) जन्म के आधार पर या कर्म के आधार पर किसी प्रकार की वर्ण व्यवस्था, जाति प्रथा या छुआछूत को नहीं मानते।

स्पष्टीकरण I : आजीवक समाज का कोई भी सामाजिक वर्गीकरण समता, स्वतन्त्रता और भाईचारे के आधार पर किया जाएगा।

स्पष्टीकरण II : आजीवक समाज में मनुष्य के जीवन और उसके सम्मान की रक्षा को सर्वोपरि महत्व दिया जाता है।

(छ) जीवन में किसी प्रकार की आश्रम व्यवस्था को नहीं मानते

स्पष्टीकरण : आजीवक समाज में सामाजिक मृत्यु की परिभाषा का संन्यास ग्रहण करना वर्जित है।

(ज) गोभक्त नहीं हैं और सूअर अथवा किसी अन्य पशु या पक्षी या जलचर विशेष को उन के पालने में या उन का मांस खाने में या न खाने में हाजमे और स्वास्थ्य या मन की बात को छोड़ कर जिक्र करने लायक अन्य कोई अहमियत नहीं देते;

(झ) हिंसा और अहिंसा की बहस को आत्मसम्मान से जोड़ कर समाज के लोकतांत्रिक और शांतिपूर्ण विकास के हामी हैं।

3. संहिता का लागू होना :

(1) यह संहिता ऐसे किसी भी व्यक्ति पर लागू होगी जो भारत में जन्मा हो, और–

(क) पुरानी भाषा में पारलौकिक ईश्वर की दृष्टि से नास्तिक कहा गया हो;

(ख) जो धर्म से हिन्दू, बौद्ध, जैन, सिक्ख, ब्राह्मण, मुसलमान, ईसाई, पारसी या यहूदी न हो;

स्पष्टीकरण I : इस संहिता के प्रयोजन के लिए वर्तमान अनुसूचित जातियों के तमाम निर्गुण पंथ आते हैं।

स्पष्टीकरण II : बाबा साहेब डा. अम्बेडकर के वे तमाम अनुयायी जो केवल अनुसूचित जातियों से बौद्ध बने हैं, इस सिविल संहिता के अंतर्गत आते हैं।

(2) (क) हिन्दू धर्म का कोई भी जन्म का या खुद को कर्म से मानने वाला ब्राह्मण, क्षत्रिय, वैश्य या शूद्र व्यक्ति आजीवक समाज का सदस्य नहीं माना जा सकता।

(ख) जो व्यक्ति खुद को अपनी पिछली पीढ़ियों के इतिहास में कभी भी वंशक्रम से ब्राह्मण, क्षत्रिय, वैश्य या शूद्र होना महसूस करता है या अपने वर्तमान जीवन में इस वर्ण विभाजन की किसी भी रूप में

या किसी भी क्रम में प्रशंसा करता है, वह अपने हर पश्चाताप के बाद भी आजीवक समाज का सदस्य नहीं माना जा सकता।

(ग) कोई भी मूलतः ब्राह्मण, क्षत्रिय, वैश्य या शूद्र व्यक्ति बौद्ध, जैन, सिक्ख, मुसलमान, ईसाई,पारसी या यहूदी धर्म के माध्यम से भी इस संहिता के अंतर्गत नहीं आ सकता।

स्पष्टीकरण I : आजीवक मूल का व्यक्ति विदेशों में भी या समय आने पर अन्य ग्रहों पर भी जन्म लिया हुआ हो सकता है।

स्पष्टीकरण II : आजीवक समाज का ऊपर की सीमाओं में भारत से बाहर प्रसार किया जा सकता है।

(3) अपने किसी पुरखे के द्वारा या खुद किसी भी अन्य धर्म में गया हुआ आजीवक मूल का व्यक्ति विधिवत आजीवक समाज में वापिस आ सकता है।

(4) यह संहिता उन विवाहों पर भी लागू होगी जो इस संहिता के प्रकाशन में आने से पूर्व इस परिभाषा के आजीवक व्यक्तियों में सम्पन्न हुए हैं।

4. परिभाषाएँ :

(i) 'अयोग्य सन्तान' :

वह सन्तान जो बालिग है; और,

(क) अपनी रोटी आप कमा कर नहीं खाती जबकि स्थायी रूप से विकलांग नहीं है या लाइलाज रूप से बीमार नहीं है; या,

(ख) माता-पिता द्वारा ऋण के रूप में दिए हुए धन को लौटाने की नीयत या क्षमता नहीं रखती।

(ii) 'दहेज' :

दहेज से मतलब किसी ऐसी सम्पत्ति या मूल्यवान प्रतिभूति से है जो विवाह के समय या उससे पहले या उस के बाद किसी भी समय :

(क) विवाह के एक पक्षकार द्वारा विवाह के दूसरे पक्षकार को; या,

(ख) विवाह के किसी भी पक्षकार के माता-पिता द्वारा या किन्हीं अन्य व्यक्तियों के द्वारा बिवाह के किसी भी पक्षकार को या किसी अन्य व्यक्ति को;

कथित पक्षकारों के विवाह के संबंध में या तो प्रत्यक्ष रूप में या अप्रत्यक्ष रूप में दी गई है।

स्पष्टीकरण : इस संहिता के लिखे जाने के समय आज दहेज वर-पक्ष द्वारा कन्या-पक्ष से मांगने के रूप में स्थापित अथवा रूढ़ हो चुका है।

(iii) 'नाबालिग' :

आजीवक समाज में बिना लिंग भेद के वह बच्चा जिसने 18 वर्ष की आयु पूरी न कर ली हो फिलहाल 'नाबालिग' कहा जाता है।

(iv) 'निठल्ला पति' :

वह व्यक्ति जो क्षमता रहते अपने परिवार के लिए कमाई का कोई काम नहीं करता 'निठल्ला पति' कहा जाता है।

स्पष्टीकरण : पैतृक सम्पत्ति को कमाई के अन्तर्गत नहीं माना जाएगा।

(v) 'नंग पत्नी' :

वह पत्नी जो किसी भी रूप में अपने पति या उसके किसी नातेदार या मित्र का फजीता करती है 'नंग पत्नी' कही जाती है।

(vi) 'वहेज' :

इस संहिता द्वारा वहेज को विवाह के बाद पत्नी द्वारा किसी भी उम्र में पति से मांगे जाने वाले, या उसके द्वारा ऐसी मांग करने के लिए बच्चों को भड़का कर, भरण-पोषण से ज्यादा शान-शौकत, विलास या ऐश्वर्य के घरेलू सामान, जमीन-जायदाद या जेवरात आदि के रूप में स्थापित अथवा रूढ़ किया जाता है।

स्पष्टीकरण I : इस परिभाषा के कारण अन्य समाजों में व्याप्त भ्रष्टाचार आदि की परम्पराओं पर इस रूप में अंकुश लग सकेगा कि वे आजीवकों में न आ जाएँ।

स्पष्टीकरण II : इस परिभाषा के कारण कमाने वाला व्यक्ति मानवीय और सामुदायिक कार्यों के लिए अपनी आय के एक प्रभावी हिस्से को लगा सकेगा और उस की आय का समूचा भाग मात्र उस के परिवार के स्वार्थ के लिए नहीं रह जाएगा।

दूसरा अध्याय

विवाह

5. वर्जित नातेदारी की डिग्रियाँ :

(क) कोई पुरुष नीचे लिखी नारियों से विवाह नहीं कर सकता :

1. माता, नानी, दादी से
2. सौतेली माँ, पुत्रवधू से

3. पुत्री, धेवती, पोती से
4. बहन, भानजी, भतीजी से
5. मौसी, फूफी से
6. चचेरी, फुफेरी, मौसेरी, ममेरी बहन से
7. भाभी से
8. सास से

(ख) कोई नारी नीचे लिखे पुरुषों से विवाह नहीं सकती :

1. पिता, नाना, दादा से
2. सौतेले पिता, दामाद से
3. पुत्र, धेवते, पोते से
4. भाई, भानजे, भतीजे से
5. मामा, ताऊ, चाचा से
6. चचेरे, फुफेरे, मौसेरे, ममेरे भाई से
7. देवर से
8. ससुर से

6. आजीवक विवाह के लिए शर्तें :

यदि नीचे लिखी शर्तें पूरी हो जाएँ तो दो आजीवकों के बीच विवाह सम्पन्न किया जा सकेगा :

(i) पक्षकारों में से एक पुरुष और दूसरी नारी है;

स्पष्टीकरण : यहाँ समलैंगिक विवाह की स्पष्ट मनाही की जाती है।

(ii) किसी पक्षकार का पति या पत्नी जीवित नहीं है;

(iii) कोई पक्षकार मन्दबुद्धि या पागल नहीं है;

(iv) सन्तान की आवश्यकता होने पर कोई पक्षकार सन्तान उत्पत्ति के लिए अयोग्य नहीं है;

(v) वे वर्जित नातेदारी की डिग्रियों के भीतर नहीं हैं;

स्पष्टीकरण I : यदि चिकित्सा विज्ञान आगे भविष्य में सन्तान उत्पत्ति के हिसाब से रक्त समूह के किसी प्रकार के जैविक वर्जित क्षेत्र खोज पाता है तो उनका पालन किया जाता रहेगा।

स्पष्टीकरण II : किसी भी बच्चे के पितृत्व या मातृत्व की मैडिकल जाँच कभी भी कराई जा सकती है जिस में कोई भी अपेक्षित या आक्षेपित व्यक्ति ऐसी जाँच के लिए मना नहीं कर सकेगा।

(vi) विवाह के समय पुरुष ने इक्कीस वर्ष की और स्त्री ने अट्ठारह वर्ष की आयु पूरी कर ली है;

(vii) दोनों की सन्तान पैदा करने की उम्र होने पर पुरुष की नारी के मुकाबले में 8 वर्ष से अधिक की आयु नहीं है;

उद्देश्य : आयु के अधिक अन्तर की वजह से अनेक सामाजिक बुराइयाँ जन्म ले लेती हैं जिनका बाद में अन्यथा रोका जाना संभव नहीं रह जाता।

(viii) पुरुष और नारी दोनों आर्थिक दृष्टि से न्यूनतम आय कमाने की संभावना में अलग-अलग स्वावलम्बी हैं;

(ix) वे दोनों अपनी मातृभाषा या पितृभाषा में सक्षम या साक्षर हैं;

(xi) दोनों व्यक्ति-पक्षकारों ने विवाह के लिए अपनी-अपनी सहमति दे दी है।

7. आजीवक विवाह की रीति :

(1) आजीवक विवाह उसके पक्षकारों में से किसी की भी क्षेत्रीय रूढ़ि, प्रथा, रीति, चलन या सुविधा के अनुसार सम्पन्न किया जा सकता है।

स्पष्टीकरण I : यहाँ शब्द 'सम्पन्न' का अर्थ 'अनुष्ठापन' नहीं है।

स्पष्टीकरण II : आजीवक विवाह किसी प्रकार की भाँवरों, फेरों, तीन पदी, साढ़े तीन पदी अथवा सप्तपदी के बिना भी वैध माना जाएगा।

स्पष्टीकरण III : यदि आजीवक विवाह में कोई ब्राह्मण, क्षत्रिय या वैश्य वर्ण का व्यक्ति वैवाहिक संस्कार कराता है तो यह माना जाएगा कि वह विवाह सम्पन्न नहीं हुआ है।

(2) आजीवक विवाह का समाज या सरकार के स्तर पर पंजीकरण कराया जा सकता है।

(3) विवाह में पुनर्विवाह शामिल है।

8. आजीवक विवाह का फार्म :

विवाह के दोनों पक्षकारों द्वारा विवाह से एक महीने पहले परिशिष्ट-I में दिया गया निर्धारित फार्म भरा जा सकता है जो पूर्णतया वैकल्पिक है और जिस का कोई भी खाना खाली छोड़ा जा सकता है।

स्पष्टीकरण : इस फार्म को घर की प्राइवेसी और गोपनीयता में शुमार किया जा रहा है जिस का किसी राजकीय प्रयोजन के

लिए कोई अर्थ नहीं लगाया जाएगा और न ही यह तलाक के बाद भी कभी किसी अन्य को दिखाया जाएगा।

9. आजीवक विवाह में धन के खर्च की मनाही :

(1) आजीवक विवाह एक खुशी है।

(2) आजीवक विवाह केवल सामाजिक विवाह है जिसमें किसी आर्थिक खर्च की आवश्यकता नहीं है और यह किसी भी हालत में आर्थिक विवाह में तब्दील नहीं किया जाएगा।

(3) आजीवक विवाह में किसी भी प्रकार का दहेज लेने और देने की या विवाह के बाद नारी द्वारा वहेज मांगने की सख्त मनाही है।

स्पष्टीकरण : किसी भी विवाद में आजीवक न्यायालय पुत्री या पुत्र के विवाह के खर्च के लिए माता या पिता से धन नहीं दिलवा सकेगा।

उद्देश्य : आजीवक समाज के लोग धन की पूँजी के रूप में कद्र करेंगे और वैवाहिक संस्कार में और उस के प्रदर्शन में होने वाले धन के बारे में अनावश्यक, अत्यधिक और अनुत्पादक खर्च से बचेंगे।

10. शून्य विवाह :

वह विवाह तत्काल शून्य विवाह कहा जाएगा,

(1) जो वर्जित नातेदारी की शर्तों का उल्लंघन करता है; या,

(2) जिसमें यह पता चल गया है कि दूसरा पक्षकार ब्राह्मण, क्षत्रिय या वैश्य में से कोई है।

11. बातिल विवाह :

कोई विवाह तत्काल बातिल किया जा सकेगा यदि—

(1) दूसरे पक्षकार के अनावश्यक इंकार के कारण या उस की नपुंसकता के कारण विवाह के बाद संभोग नहीं हो पाया है; या,

(2) विवाह के लिए किसी पक्षकार की सहमति भय, कपट या पीड़ा द्वारा प्राप्त की गई है।

12. गैर-आजीवक विवाह :

यदि कोई आजीवक व्यक्ति किसी गैर-आजीवक व्यक्ति से विवाह करता है तो उसे इस संहिता के तहत हुआ विवाह नहीं माना जाएगा।

तीसरा अध्याय

विवाह का उद्देश्य

13. विवाह का उद्देश्य :

(1) पति और पत्नी एक दूसरे की जरूरत, सहायता और सम्मान के लिए एक दूसरे के साथ आते हैं और एक दूसरे की काट और नुकसान के लिए नहीं।

(2) घर का मतलब सुख, शान्ति और निश्चिन्त गृहस्थ जीवन से है जिसमें कलह नहीं होना चाहिए और अपने घर में आते हुए किसी को डर नहीं लगना चाहिए।

(3) पति और पत्नी में इतनी क्षमता विकसित होनी चाहिए कि वे एक दूसरे की सामान्य भिन्नताओं को तूल नहीं देंगे बल्कि उन्हें पूरक मानेंगे।

(4) कोई भी विवाहित पक्षकार दूसरे पक्षकार को सेक्स संबंधी चौकसी कर के उसे जबरन नहीं रोकेगा। वह उसे केवल समझाने तक सीमित रहेगा।

(5) वैवाहिक जीवन में किसी भी स्थिति में हत्या या आत्महत्या का प्रयास नहीं किया जाएगा क्योंकि उन का विकल्प इस संहिता में तलाक का दिया गया है।

(6) किसी पक्षकार की यह जिम्मेदारी नहीं है कि वह दूसरे पक्षकार का सुधार करेगा।

14. विवाह की हर वर्षगाँठ पर भरा जाने वाला फार्म :

विवाह को ले कर दोनों पक्षकारों को विवाह की हर वर्ष-गाँठ पर परिशिष्ट-II में दिया गया निर्धारित फार्म भर कर एक दूसरे को देने का विकल्प दिया जाता है ताकि उन का गृहस्थ जीवन निष्प्रयोजित या गैर-जिम्मेदाराना न हो जाए।

स्पष्टीकरण : इस फार्म को घर की प्राइवेसी और गोपनीयता में शुमार किया जा रहा है जिस का किसी राजकीय प्रयोजन के लिए कोई अर्थ नहीं लगाया जाएगा और न ही यह तलाक के बाद भी कभी किसी अन्य को दिखाया जाएगा।

चौथा अध्याय

तलाक की कार्यवाही

15. तलाक की कार्यवाही :

(1) पति और पत्नी में से कोई भी व्यक्ति बिना कोई कारण बताए न्यायालय में तलाक की अर्जी डाल सकता है कि उसे वह विवाह रास नहीं आ रहा है।

(2) यदि अर्जी डालने की तारीख से आगे बारह महीने अथवा विशेष परिस्थितियों में तीन महीने के बीच में वह अर्जी वापिस नहीं ली जाती है तो न्यायालय द्वारा तलाक की डिक्री बिना किसी जाँच-पड़ताल के दे दी जाएगी।

स्पष्टीकरण I : विशेष परिस्थितियाँ पक्षकार के विकलांग आदि होने पर उत्पन्न मानी जाएँगी।

स्पष्टीकरण II : जो व्यक्ति अपने परिवार की गोपनीयता बनाए रखना चाहता है उसे यह अधिकार दिया जाता है कि कोई न्यायालय ऐसे मामले में उस के परिवार के बारे में खोजबीन नहीं करेगा।

स्पष्टीकरण III : यह माना जा रहा है कि कोई व्यक्ति अपने परिवार को अकारण नहीं तोड़ता। यदि कोई व्यक्ति अपने परिवार को अकारण तोड़ता है तो यह अच्छी बात है कि ऐसा व्यक्ति उस गृहस्थी से स्वयं हट रहा है। यदि ऐसा व्यक्ति पुनर्विवाह करता है तो यह उस व्यक्ति की गलती या उसका लोभ होगा जो दूसरा पक्ष है।

(3) किसी भी अन्य न्यायालय में अपील आदि को मिला कर आजीवक व्यक्ति के हिन्दू विवाह अधिनियम, 1955 की किसी धारा में तलाक के केस को यदि एक वर्ष का समय लम्बित रहते बीत गया है, या केस को तंग हो कर छोड़ने के समय एक वर्ष का समय हो चुका था तो आजीवक न्यायालय परिशिष्ट-III में दिए गए निर्धारित फार्म पर पक्षकार द्वारा ऐसा आवेदन करने पर उस आजीवक विवाह को असमाधेय रूप से भंग हुआ मान कर परिशिष्ट-IV में दिए गए निर्धारित फार्म के अनुसार उस में सम्मानजनक तलाक देगा।

स्पष्टीकरण : इस संहिता में 'तलाक' शब्द का जानबूझ कर प्रयोग किया गया है और 'संबंध-विच्छेद' का नहीं क्योंकि यह तलाक पूर्ण तलाक है और द्विजों के मजबूर मन का आधा-अधूरा सम्बन्ध-विच्छेद नहीं।

16. तलाक का विज्ञान :

विवाह के बाद पति और पत्नी में निम्न कारणों से झगड़ा हुआ करता है जिन्हें इस संहिता के तहत तलाक के लिए अर्जी देते समय लिखने की आवश्यकता नहीं है :

(1) दूसरे पक्षकार ने विवाह के बाद अपने पति या अपनी पत्नी से भिन्न किसी व्यक्ति से सन्तान पैदा की है; या,

(2) दूसरा पक्षकार अर्जीदार से भिन्न व्यक्ति से जबरन या धोखे से मैथुन कर रहा है; या,

(3) दूसंरा पक्षकार किसी पराए व्यक्ति के साथ या उसके द्वारा बहकता है; या,

स्पष्टीकरण I: इस में पराए व्यक्ति के साथ यौन-संबंधों का होना जरूरी नहीं है। अर्जीदार की बेइज्जती पर्याप्त है।

स्पष्टीकरण II: ऐसी स्थिति में यह माना जाएगा कि दूसरा पक्षकार सामाजिक दृष्टि से कमजोर दिमाग का है।

(4) दूसरे पक्षकार ने अर्जीदार को वैवाहिक जोड़ीदार के रूप में त्याग दिया है; या,

स्पष्टीकरण : यहाँ त्यागने में समय की कोई सीमा नहीं रखी गई है। यदि मन से त्याग दिया है तो वह त्यागा हुआ माना जाएगा।

(5) दूसरे पक्षकार ने विवाह के बाद अर्जीदार से शारीरिक या मानसिक क्रूरता बरती है; या,

(6) दूसरा पक्षकार अर्जीदार की या उस के रिश्तेदार या मित्र की बोल कर या लिख कर साशय मानहानि करता है; या,

(7) दूसरा पक्षकार सिविल प्राइवेसी को भंग करता है और लोकलाज खोए रहता है या गुप्तांगों का वास्तविक या इशारों से अश्लील प्रदर्शन करता है; या,

(8) दूसरा पक्षकार मारपीट करता है या हाथापाई की नौबत पर आमादा रहता है; या,

(9) दूसरा पक्षकार अर्जीदार को घर से बाहर निकाल देता है या स्वयं घर से भागता है; या,

(10) दूसरा पक्षकार हत्या या आत्महत्या का प्रयास करता है या ऐसा करने की धमकी देता है; या,

(11) दूसरे पक्षकार ने अर्जीदार को सीधे जहर खिलाया है; या,

(12) दूसरे पक्षकार ने अर्जीदार पर पारम्परिक भगतों से, पड़ियों से, ओझों से, मौलवियों से, ज्योतिषियों आदि से ला कर मन फिरवाने के लिए ताबीज, भभूत या गंडे आदि के जादू-टोने किए हैं या उन का दिया हुआ उसे कुछ खिलाया है; या,

स्पष्टीकरण I: यहाँ यह माना जाएगा कि दूसरा पक्षकार मूर्ख है जिसे अर्जीदार का कोई भी दुश्मन बहका कर अर्जीदार के जीवन को घातक नुकसान पहुँचा सकता है जो इस देश की द्विज राजनीति की कौटिल्य के अर्थशास्त्र आदि पुस्तकों में कूटनीति का एक हिस्सा है।

स्पष्टीकरण II: ऊपर के प्रयास मात्र से यह समझा जाएगा कि दोष सिद्ध हो गया है।

(13) पति दहेज मांगता है या पत्नी वहेज मांगती है; या,

(14) दूसरे पक्षकार ने धारा-8 के फार्म में कोई महत्वपूर्ण तथ्य छुपाया है या गलत बताया है; या,

(15) दूसरा पक्षकार आजीवक धर्म को छोड़ कर अन्य धर्म में धर्मान्तरित हो गया है; या,

(16) दूसरा पक्षकार परिवार को संभालने में या उस के विकास में अपना कोई निजी योगदान नहीं कर रहा है; या,

स्पष्टीकरण I: यह निजी योगदान मुख्य रूप से आर्थिक है और सकारात्मक है।

स्पष्टीकरण II: आर्थिक योगदान में पत्नी का घर में भोजन आदि बनाने का काम सम्मिलित है जिस की पति के लिए भी मनाही नहीं है। यह मानव जाति का मूल काम है और दोनों को करना चाहिए।

स्पष्टीकरण III: आजीवक समाज में निरी घरेलू पत्नी जैसी कोई चीज नहीं है बल्कि हर आजीवक पत्नी घर के काम के साथ-साथ वास्तविक कमाई का कोई अन्य काम करती हुई अवश्य मिलेगी।

स्पष्टीकरण IV: जब मनुष्य के पास आटा, तवा, परात, चूल्हा और आग नहीं थी, उस समय नारी परिवार का साधन जुटाने के लिए जो कुछ करती थी अपनी उस आदिम भावना को उसे सभ्यता के हर स्तर पर बनाए रखना है।

स्पष्टीकरण V: इस धारा के प्रयोजन के लिए बच्चे पालने को पत्नी का विशेष योगदान नहीं माना जाएगा क्योंकि बच्चे हर हालत में पाले जाते हैं।

उद्देश्य : संसार के सभी जीव-जन्तु अपने बच्चे पालते हैं। मनुष्य को इस के साथ-साथ कुछ अलग से भी करना होता है ताकि सृष्टि में उस की प्रगति की अलग और विशिष्ट पहचान बनी रहे।

(17) दूसरे पक्षकार ने परिवार के स्वास्थ्य, बच्चों की परवरिश और उन के सामाजिक विकास की अपनी कोई निजी जिम्मेदारी नहीं मानी है; या,

(18) दूसरा पक्षकार बीमारी के कारण के बिना निठल्ला है और अपनी रोटी आप कमा कर नहीं खा रहा है; या,

(19) दूसरे पक्षकार ने घर में कोई घरेलू नौकर या नौकरानी रख ली है।

शर्त : ब्राह्मण, क्षत्रिय या वैश्य को भी घरेलू नौकर या नौकरानी नहीं रखा जाएगा।

स्पष्टीकरण : जन्म और मृत्यु के अवसरों के समान आजीवक समाज के किसी ऐसे काम में आवश्यकता पड़ने पर एक दूसरे की सामाजिक सहायता स्वतः की जाएगी।

उद्देश्य I : घरेलू नौकर या नौकरानी रखना पुरानी दास प्रथा का अवशेष है जिसे किसी अन्य समाज की नकल पर प्रतीक के रूप में भी नहीं पनपने देना है।

उद्देश्य II : घरेलू नौकरानी का मतलब है कि उस घर की पत्नी अपनी जिम्मेदारी का काम पूरा नहीं कर रही है और घरेलू नौकर का मतलब है कि उस घर का पति अपनी जिम्मेदारी पूरी तरह नहीं निभा रहा है।

उद्देश्य III : आजीवक घरों में नौकरानी का मतलब एक और पत्नी तथा नौकर का मतलब एक और पति की गुंजाइश से है जिस की इस संहिता में अनुमति नहीं है।

उद्देश्य IV : कोई आजीवक घर अनावश्यक रूप से इतना बड़ा नहीं होना चाहिए कि वह पति, पत्नी तथा बच्चों द्वारा मिलजुल कर झाड़ा-बुहारा न जा सके अन्यथा उसे कोई होटल, दफ्तर, कारखाना या संस्था माना जाएगा जिस की देखभाल के लिए कर्मचारी संस्थागत होंगे तथा घरेलू नौकर या नौकरानी नहीं।

17. पुनर्विवाह :

(1) तलाक के बाद तलाकशुदा व्यक्ति अपना पुनर्विवाह कर सकता है।

(2) पहले विवाह के मौजूद रहते हुए दूसरा विवाह नहीं किया जा सकता

—अर्थात कोई भी पति एक समय में एक से अधिक पत्नियाँ और कोई भी पत्नी एक समय में एक से अधिक पति नहीं रख सकेगी।

स्पष्टीकरण : पुनर्विवाह के बिना या पुनर्विवाह के बाद भी यदि पहले विवाह के दूसरे पक्षकार का हित इस बात में निहित हो तो नीचे लिखीं तीन अवस्थाओं में वह लाजिमी तौर पर पारिवारिक सहानुभूति पाने का हकदार होगा कि वह—

(क) पागल हो गया है; या,

(ख) किसी असाध्य रोग से ग्रस्त हो गया; या,

(ग) उस से औलाद पैदा नहीं हुई है या उससे पैदा औलाद जीवित नहीं रही है और आगे भी पैदा नहीं हो सकती।

पाँचवाँ अध्याय

भरण-पोषण

18. तलाक की अर्जी देने के दौरान भरण-पोषण की स्थिति :

(1) तलाक की अर्जी देने के दौरान, जो किसी भी हालत में बारह महीनों से अधिक का समय नहीं होगा, दूसरे पक्षकार द्वारा ऐसी अर्जी देने पर परिवार के सभी सदस्यों का खर्चा आय के उन्हीं स्रोतों से पूर्ववत चलता रहेगा जिनसे पहले चलता रहा था। इस समय को आर्थिक दृष्टि से ऐसा माना जाएगा कि मानो कोई मुकदमा न चल रहा हो।

(2) यदि परिवार की आय के पहले स्रोत बन्द हो जाते हैं तो उसके सदस्य वैसे प्रयत्न करेंगे जैसे कि वे उस समय करते जब मुकदमा न होता।

19. तलाक के बाद तलाकशुदा व्यक्ति के भरण-पोषण की स्थिति :

तलाकशुदा व्यक्ति को उस की ऐसी अर्जी पर कि तत्काल उस की आय का कोई स्रोत पर्याप्त नहीं है और वह अपने प्रयत्नों के बावजूद आय का कोई स्रोत जुटाने में कामयाब नहीं हो पाया है, और उस ने पुनर्विवाह नहीं कर लिया है, तलाक के केवल तीन महीने के बाद तक भरण-पोषण दिया जा सकता है, उसके बाद नहीं।

स्पष्टीकरण I : आजीवक समाज में भरण-पोषण के नाम पर जारकर्म भत्ता, क्रूरकर्म भत्ता या नंगकर्म भत्ता नहीं दिया जाएगा।

स्पष्टीकरण II: आजीवक समाज में यह नहीं माना जाएगा कि इस समाज का कोई वयस्क व्यक्ति, पुरुष या नारी, एक रोगी

या किसी अन्य असामान्य अवस्था को छोड़ कर अपनी रोटी आप नहीं कमा रहा है। इस समाज का कोई व्यक्ति निठल्ला या कामचोर नहीं माना जाएगा।

स्पष्टीकरण III : इस समाज का कोई वयस्क व्यक्ति पति और पत्नी को मिलाते हुए किसी की मुफ्त की रोटी खाने में शर्म महसूस करेगा।

20. तलाक के बाद नाबालिग बच्चे के भरण-पोषण की स्थिति :

(1) बच्चे की इच्छा के अनुकूल उसे माता या पिता के साथ रखा जाएगा। उस माता या पिता की यह जिम्मेदारी होगी कि वह उस बच्चे के भरण-पोषण का खुद अपने पैसे से प्रबन्ध करे।

स्पष्टीकरण I : पिता या माता में से जो पक्षकार बच्चे को मांगेगा उस का भरण-पोषण भी वही देगा। विशेष परिस्थितियों को छोड़ कर बच्चा अपने पास रख कर दूसरे पक्षकार से उस का भरण-पोषण नहीं लिया जा सकेगा।

स्पष्टीकरण II : यदि माता या पिता जालिम हों जिस में बच्चे को मारे जाने का या अन्य कोई खतरा पैदा होने वाला है तो वह बात आजीवक न्यायालय के ध्यान में लाई जा सकती है।

(2) यदि बच्चा अपनी सम्मति देने में असमर्थ है तो इसमें उस के माता-पिता की राय जानी जा सकती है। यदि माता-पिता अपनी राय नहीं देते या एक-दूसरे की विरोधी राय देते हैं तो वैसी स्थिति में आजीवक न्यायालय बच्चे के हित को सर्वोपरि मानते हुए अपना फैसला दे सकता है।

स्पष्टीकरण I : इस फैसले में माता, पिता, बच्चे या स्वयं जज की कोई भावुकता आड़े नहीं आएगी और किसी के भी मन को ज्यादा महत्व नहीं दिया जाएगा।

स्पष्टीकरण II : तलाक की अवस्था में बच्चे के भरण-पोषण के बारे में यह माना जाएगा मानो न कमाने वाला पक्षकार सामाजिक रूप में जीवित नहीं है।

21. किसी के बच्चे को बिगाड़ने पर पाबन्दी :

यदि माता या पिता यह सिद्ध कर सकें कि किसी व्यक्ति के द्वारा उन के बच्चे को बिगाड़ा या उन के खिलाफ भड़काया जा रहा है तो उस व्यक्ति को निठल्ला या नंग करार दिलवाया जा सकता है।

स्पष्टीकरण : माँ-बाप का अपने बच्चे पर यह नैसर्गिक फर्ज और अधिकार बनता है कि वे उसे अपनी मान्यता की बुरी संगत से दूर रखें।

22. सामान्य स्थिति में अपने माता या पिता आदि का भरण-पोषण :

सक्षम होने पर कोई आजीवक व्यक्ति अपने जीवन-काल के दौरान अपने पिता या अपनी माता या इसी क्रम में अपने दादा या दादी आदि को भरण-पोषण देता रहेगा।

शर्त : ऐसे पिता या माता या दादा या दादी आदि खुद कमाने में असमर्थ हों और उन की ऐसी कोई आमदनी या सम्पत्ति न हो।

23. गैर-तलाक की स्थिति में अपने नाबालिग बच्चे का भरण-पोषण :

कोई आजीवक व्यक्ति अपने नाबालिग पुत्र या पुत्री को या इसी क्रम में उन के पिता या माता के जीवित न होने की दशा में अपने नाबालिग पोते या पोती आदि को भरण-पोषण देता रहेगा।

24. तलाक या गैर-तलाक की स्थिति में अपने पति या अपनी पत्नी का भरण-पोषण:

कोई आजीवक व्यक्ति अपने पति या अपनी पत्नी के मैथुन और कमाने में असमर्थ होने की दशा में तथा उस की निजी सम्पत्ति न होने की स्थिति में गैर-तलाक की स्थिति में उसे भरण-पोषण देता रहेगा।

25. दावेदार को आजीवक होना चाहिए :

यदि कोई व्यक्ति किसी अन्य धर्म में धर्म-परिवर्तन के कारण आजीवक नहीं रह गया है तो वह भरण-पोषण का दावा करने का हकदार नहीं रह जाएगा।

26. भरण-पोषण की रकम :

भरण-पोषण की रकम ज्यादा नहीं रखी जाएगी और यह ध्यान रखा जाएगा कि इससे पति के निठल्लेपन, पत्नी के नंगपन या सन्तान की अयोग्यता को या परिवार में जारकर्म को प्रोत्साहन न मिलने लगे।

छठा अध्याय
सम्पत्ति का बँटवारा

27. सम्पत्ति का स्वामित्व :

आजीवक समाज में व्यक्ति अपने पिता, दादा, पूर्वज या अन्य किसी से प्राप्त अपने हिस्से की खानदानी सम्पत्ति का तथा अपनी खुद की कमाई हुई पूरी सम्पत्ति का पूर्ण और अकेला स्वामी होगा।

स्पष्टीकरण I : उस के पुत्रों का या अन्य किसी का उस की सम्पत्ति पर बिना उस के चाहे उस के जीवन काल में कोई स्वामित्व नहीं रहेगा।

स्पष्टीकरण II : पिता अपनी सम्पत्ति का चाहे जैसा उपयोग करे या हस्तान्तरण करे, उस के पुत्रों को या अन्य किसी को विरोध करने का या पिता से हिसाब लेने का कोई हक नहीं होगा और न ही पुत्र उस के जीवन काल में अपनी ओर से उस की सम्पत्ति के बँटवारे की मांग कर सकेंगे।

स्पष्टीकरण III : ऊपर पिता के बारे में जो कहा गया है वही माता के बारे में भी समझा जाएगा।

28. वसीयत :

आजीवक समाज का कोई व्यक्ति अपनी सम्पत्ति की आजीवक समाज तक सीमित रह कर किसी व्यक्ति जिस में परिवार के व्यक्ति शामिल हैं, या संस्था के नाम वसीयत कर सकता है।

29. नामांकन :

आजीवक समाज का कोई व्यक्ति सरकारी या गैर-सरकारी कर्मचारी होने पर अपनी भविष्य निधि, ग्रेच्युटी और बीमे आदि का अपने परिवार के सदस्यों के भीतर और बाहर परन्तु आजीवक समाज के भीतर किसी अन्य व्यक्ति जिसमें परिवार के व्यक्ति शामिल हैं, या संस्था के हक में नामांकन कर सकता है।

30. पुरुष की दशा में उत्तराधिकार :

वसीयत किए बिना मरने वाले आजीवक पुरुष की सम्पत्ति के उत्तराधिकार के लिए वारिसों के नीचे लिखे छह वर्ग बनाए जा रहे हैं :

वर्ग-1 : पुत्र, पुत्री, पुत्र के अभाव में पौत्र, पुत्र के अभाव में नाबालिग पौत्री, पुत्र और पौत्र के अभाव में प्रपौत्र, पुत्र और पौत्र के अभाव में नाबालिग प्रपौत्री, विधवा।

वर्ग-2 : पिता

वर्ग-3 : माता

वर्ग-4 : भाई, बहन

वर्ग-5 : दादा

वर्ग-6 : परदादा

शर्त I : प्रत्येक वर्ग का हर हिस्सेदार समान है।

शर्त II : (i) पहले, उन वारिसों को जो वर्ग-I में आते हैं।
(ii) दूसरे, यदि वर्ग-I में वारिस न हो तो वर्ग-2 के वारिस को।
(iii) इसी क्रम में वर्ग-6 तक के वारिसों को।

शर्त III : यदि वर्ग-I में मात्र विधवा है तो ऐसी अवस्था में उस विधवा को वर्ग-2 में और उस के अभाव में वर्ग-3 में गिना जाएगा।

31. नारी की दशा में उत्तराधिकार :

(1) वसीयत किए बिना मरने वाली आजीवक स्त्री की सम्पत्ति के उत्तराधिकार के लिए वारिसों के नीचे लिखे छह वर्ग बनाए जा रहे हैं :

वर्ग-1 : पुत्री, पुत्र, पुत्री के अभाव में नाबालिग धेवती, पुत्र के अभाव में पौत्र, पुत्र के अभाव में नाबालिग पौत्री, पुत्र और पौत्र के अभाव में प्रपौत्र, पुत्र और पौत्र के अभाव में नाबालिग प्रपौत्री, विधुर।

वर्ग-2 : माता

वर्ग-3 : पिता

वर्ग-4 : बहन, भाई

वर्ग-5 : दादी

वर्ग-6 : परदादी

शर्त-I : प्रत्येक वर्ग का हर हिस्सेदार समान है।

शर्त II : (i) पहले, उन वारिसों को जो वर्ग-I में आते हैं।
(ii) दूसरे, यदि वर्ग-I में वारिस न हो तो वर्ग-2 के वारिस को।
(iii) इसी क्रम में वर्ग-6 तक के वारिसों को।

शर्त III : यदि वर्ग-1 में मात्र विधुर है तो ऐसी अवस्था में उस विधुर को वर्ग-2 में और उस के अभाव में वर्ग-3 में गिना जाएगा।

(2) उपधारा (i) में किसी बात के होते हुए भी–

(क) कोई सम्पत्ति जो आजीवक नारी को अपनी माता या अपने पिता से विरासत में प्राप्त हुई हो, मृतका की पुत्री या पुत्र के अभाव में माता को या माता के वारिसों को जाएगी।

(ख) कोई सम्पत्ति जो आजीवक नारी को अपने पति या ससुर या अपनी सास से विरासत में प्राप्त हुई हो, मृतका की पुत्री या पुत्र के अभाव में पति के वारिसों को जाएगी।

सातवाँ अध्याय

गोद

32. गोद लेने की दशाएँ :

(i) आजीवक समाज में हर सम्भव प्रयत्न किया जाएगा कि पति-पत्नी की अपनी सन्तान पैदा हो।

(ii) सन्तान पैदा न होने की दशा में इस संहिता की सीमाओं में पहले पक्षकार से तलाक ले कर दूसरा विवाह किया जा सकता है।

(iii) केवल निस्सन्तान दम्पति ही एक बच्चे को गोद ले सकते हैं और वह बच्चा पुत्र या पुत्री कहा जाएगा।

33. बच्चा जो गोद लिया जा सकता है :

(i) वह आजीवक समाज का हो;

(ii) उसे किसी ने गोद न लिया हो;

(iii) उस की आयु 10 वर्ष से अधिक की न हो;

(iv) उस के माता-पिता जीवित न हों।

34. गोद के परिणाम :

(i) गोद लिए गए व्यक्ति की अपने मूल परिवार से नातेदारियाँ नहीं टूट जाएँगी और गोद लेने वाले परिवार से नई नातेदारियाँ जुड़ जाएँगी।

(ii) मूल परिवार की निर्वसीयत सम्पत्ति में उस का हिस्सा वैसे ही निकाला जाएगा मानो उस दिन भी वह उस परिवार का सदस्य हो।

आठवाँ अध्याय

जारकर्म, जारज सन्तान, नियोग, रखैल और वेश्यावृत्ति अनुमत नहीं

35. कुछ मामलों में सुलह और समझौता नहीं :

आजीवक समाज के सम्मान के लिए इस अध्याय के किसी मामले में सुलह और समझौता नहीं होगा तथा अन्य समाजों के ऐसे बुरे प्रभावों और अनुकरण पर रोक लगाई जाती है।

36. जारकर्म त्याज्य :

विवाह के बिना किसी विवाहित या अविवाहित व्यक्ति से तथा विवाह के बाद अपने पति या अपनी पत्नी के सिवा किसी अन्य व्यक्ति से मैथुन जारकर्म है और अनुमत नहीं है।

स्पष्टीकरण I : जारकर्म में पति या पत्नी की या किसी अन्य की सम्मति और मौनानुकूलता मान्य नहीं है।

37. जारज सन्तान की प्रथा समाप्त :

इस संहिता में किसी की जारज सन्तान पालने की प्रथा समाप्त की जाती है।

स्पष्टीकरण I : जारज सन्तान के भरण-पोषण की जिम्मेदारी जार माँ की होगी जो उसे बच्चे के जैविक जनक से प्राप्त कर सकती है।

स्पष्टीकरण II : बलात्कार के केस में गर्भपात करवाया जाएगा और पत्नी पूर्ण रूप से सम्मानित मानी जाएगी।

38. नियोग अनुमत नहीं :

इस संहिता के तहत किसी प्रकार के सहवास के द्वारा नियोग अनुमत नहीं है।

39. रखैल रखने या रहने देने पर रोक :

कोई आजीवक पुरुष रखैल नहीं रखेगा और न ही अपनी पत्नी का किसी की रखैल बनना सहन करेगा।

40. वेश्यावृत्ति अनुमत नहीं :

स्त्री और पुरुष की गरिमा के लिए वेश्यावृत्ति और वेश्यागमन अनुमत नहीं है।

नौवाँ अध्याय

संशोधन

41. संशोधन सम्भव है :

(क) इस संहिता में जरूरत के अनुसार संशोधन संभव है। संशोधन की शक्ति आजीवक समाज के पास रहेगी और संशोधन की प्रक्रिया आजीवक समाज समय के अनुसार तय करेगा।

(ख) इस संहिता का कोई भी विकास इस का अपना स्वतन्त्र विकास होगा। इस का किसी अन्य समाज की संहिता में विलय नहीं किया जाएगा और न उन से अनावश्यक मेल बैठाया जाएगा।

उद्देश्य I : ब्राह्मण लोग शुरू से ही इस प्रयत्न में लगे रहे हैं कि आजीवकों की स्वतन्त्र और स्पष्ट पहचान मिटाई जाए।

उद्देश्य II : यदि ब्राह्मण लोग कहें कि वे भी इस संहिता को मानेंगे तो उन से कहा जाए कि वे इसे अलग से अपने नाम में तैयार कर लें क्योंकि दोनों का फिर अलग-अलग विकास होना है, नहीं तो वे कालान्तर में परिवर्तन और विवाह के नाम पर इसे ब्राह्म-विवाह की अनैतिकता में धकेल देंगे।

(ग) जब विश्व के सारे मनुष्यों के लिए सामूहिक या समान नागरिक संहिता तैयार करने की आवश्यकता और बारी आए तो इस संहिता को अन्य समाजों की संहिताओं की तरह अन्तभुर्क्त किया जा सकता है।

परिशिष्ट-I

आजीवक सिविल संहिता, 2007 की धारा 8 के तहत आजीवक विवाह का निर्धारित फार्म

यहाँ हाल का और प्रमाणित फोटो लगाएं

I (1) नाम
(2) लिंग
(3) क्या आप तलाकशुदा हैं या पहले कभी तलाकशुदा रहे हैं?
(4) तलाकशुदा होने पर बच्चों की स्थिति क्या है?

II (1) नारी होने पर क्या आप गर्भवती हैं?
(2) यदि 'हाँ' तो उसकी पूरी जानकारी :
(3) पुरुष होने पर क्या आप का कोई बच्चा कहीं गर्भावस्था में है?
(4) यदि 'हाँ' तो उसकी पूरी जानकारी :

III (1) पिता का नाम
(2) माता का नाम
(3) क्या पिता और माता तलाकशुदा हैं या पहले कभी तलाकशुदा रहे हैं?

IV (1) भाइयों की संख्या
(2) बहनों की संख्या
(3) क्या भाई-बहनों में से कोई तलाकशुदा हैं या पहले कभी तलाकशुदा रहे हैं?

V (1) जन्मतिथि
(2) कद
(3) भार
(4) रंग
(5) पूरी मैडिकल जाँच और उस के स्वास्थ्य संबंधी परिणाम :

VI (1) शिक्षा
(2) पेशा
(3) आय
(4) चल और अचल सम्पत्ति के स्वामित्व का विवरण :

VII (1) माता, पिता, भाई, बहन, पहला पति या पहली पत्नी, बच्चे, रिश्तेदार, मित्र या राज्य आदि में से किसी के प्रति विशेष कानूनी या स्वैच्छिक रूप से पारिवारिक, सामाजिक या आर्थिक जिम्मेदारी या देनदारी या लेनदारी का विवरण :
(2) धर्म, दर्शन, विज्ञान, सामाजिक विज्ञान, साहित्य, कला, खेल-कूद आदि में या जीवन के किसी अन्य क्षेत्र में विशेष रुझान, रुचि, योजना, मिशन या समर्पण भाव का व्यौरा :

VIII. (1) आप के किन्हीं पाँच वयस्क आजीवक परिचितों के नाम, लिंग, आयु, पते तथा उन के हस्ताक्षर जिन में से कम-से-कम एक पुरुष और एक नारी अवश्य हों :

क्रम संख्या	नाम	लिंग	आयु	पता	हस्ताक्षर
1.					
2.					
3.					
4.					
5.					

(2) पक्षकार के निवास का पूरा पता :
(3) क्या सन्तान पैदा करने के इच्छुक हैं?

स्थान : हस्ताक्षर
तारीख :

परिशिष्ट-II

आजीवक सिविल संहिता, 2007 की धारा 14 के तहत विवाह की हर वर्षगाँठ पर भरा जाने वाला निर्धारित फार्म

(1) (क) अब आपको कैसा महसूस हो रहा है—अच्छा या बुरा?

(ख) अब आप को जिन्दगी कैसी लग रही है—आनन्ददायक या दुखदायी?

(2) (क) क्या आप वर्तमान स्थिति से बाहर निकलना चाहते हैं/चाहती हैं? हाँ या नहीं?

(ख) क्या आप वर्तमान स्थिति से बाहर निकल सकते हैं/निकल सकती हैं? हाँ या नहीं?

(3) (क) अब अच्छे से अच्छा क्या हो सकता है?

(ख) अब बुरे से बुरा क्या हो रहा है?

(ग) वर्तमान स्थिति में कितनी देर रहा जा सकता है?

(घ) अब आप क्या कर सकते हैं या कर सकती हैं?

(4) (क) क्या वर्तमान स्थिति आप ने खुद ने चाही थी?

(ख) क्या वर्तमान स्थिति की आप ने कभी कल्पना की थी?

(ग) आपने वास्तव में क्या चाहा था?

(घ) जो आपने चाहा था उस के लिए आपने क्या प्रयत्न किया था?

(ङ) क्या आप को महसूस हो रहा है कि आप कहीं चूक गए थे?

(5) (क) मुझ से आप की क्या विशेष उम्मीदें थीं?

(ख) अब आप की मुझ से क्या अपेक्षाएँ हैं?

(ग) मैं आपके कितने और कौन से दुःखों का या दुःखों की कारण हूँ?

(घ) ऐसी स्थिति में मैं आपके लिए क्या कर सकता या कर सकती हूँ?

(6) (क) क्या आप को मेरी समझदारी की आवश्यकता है?

(ख) आपको मुझ से अपने जीवन में कौन सा खतरा व्याप रहा है?

(ग) क्या आप मुझ में आँख मींच कर विश्वास कर सकते या कर सकती हो?

7) (क) क्या आप को भविष्य के बारे में कोई सपना दीख रहा है?

(ख) उस के बारे में आप क्या-क्या योजना बना सकते या बना सकती हैं?

(ग) क्या उस में आप को मेरी मदद की जरूरत है?

(8) अब तक खोए हुए आप के या मेरे सम्मान की रक्षा कैसे की जा सकती है?

परिशिष्ट-III

आजीवक सिविल संहिता, 2007 की धारा 15 (3) के तहत आजीवक व्यक्ति द्वारा दिए जाने वाले तलाक के लिए निर्धारित आवेदन-पत्र का फार्म

सेवा में,

पीठासीन अधिकारी,

आजीवक न्यायालय

....

....

....

महोदय,

1. मैं श्री/श्रीमती...पता.....................................
....
....निवेदन करता/करती हूँ कि मैं दिनांक.......................................संख्या...के
....द्वारा जारी किए गए जाति प्रमाण-पत्र के आधार पर अनुसूचित जाति का सदस्य/की सदस्या हूँ। मेरी उपजाति...है।
2. मैंने हिन्दू विवाह अधिनियम, 1955 की धारा..के अन्तर्गत शुरू में दिनांक..को.. न्यायालय...पता...
....में अपनी पत्नी/अपने पति श्रीमती/श्री...
पता...
....
....से तलाक का केस दायर किया था।
3. मेरे इस केस को दिनांक...तक अपील आदि को मिला कर भारत के विभिन्न न्यायालयों में कुल लम्बित समय इस प्रकार लगा है :

क्रम संख्या	न्यायालय का नाम व पता	केस संख्या	शुरू होने की दिनांक	आखिरी दिनांक	वर्ष	मास	दिन
1.							
2.							
3.							
				कुल समय			

4. इस प्रकार, इन न्यायालयों में कुल मिला कर यह लम्बित समय एक वर्ष से ऊपर का हो चुका है, या केस को तंग हो कर छोड़ने के समय एक वर्ष से ऊपर का समय हो चुका था, इसलिए मुझे आजीवक सिविल संहिता, 2004 की धारा 15 (3) के तहत आजीवक न्यायालय द्वारा तलाक देने की कृपा करें और द्विजों के कानून से मुक्ति दिलाएँ।

दिनांक :................................ प्रार्थी

स्थान : ....

परिशिष्ट-IV

आजीवक सिविल संहिता, 2007 की धारा 15 (3) के तहत आजीवक न्यायालय द्वारा दिए जाने वाले तलाक का निर्धारित फार्म

संख्या :.......................... दिनांक :......................

आजीवक न्यायालय

....

स्थान का पूरा पता : ....

....

बैठक की तारीख : ....

पीठासीन अधिकारी : ....

फैसला

1. श्री/श्रीमती ....

   पता ....

   ....

   दिनांक............................संख्या..........................के..............................

   द्वारा जारी किए गए जाति प्रमाण-पत्र के आधार पर अनुसूचित जाति के सदस्य/की सदस्या हैं। उनकी उपजाति..............................है।

2. उन्होंने इस न्यायालय में दिनांक..का लिखा हुआ अपना एक आवेदन दिया है कि उन्होंने हिन्दू विवाह अधिनियम, 1955 की धारा ....के अन्तर्गत शुरू में..............................दिनांक को..............................न्यायालय..............................पता..............................

   ....

   ....में अपनी पत्नी/अपने पति श्रीमती/श्री..............................

   ....पता ....

   ....से तलाक प्राप्त करने का केस दायर किया था।

3. उनके आवेदन के अनुसार इस केस को चलते हुए दिनांक.............................. तक अपील आदि को मिला कर भारत के विभिन्न न्यायालयों में कुल लम्बित समय इस प्रकार लग चुका है–

क्रम संख्या	न्यायालय का नाम व पता	केस संख्या	शुरू होने की दिनांक	आखिरी दिनांक	वर्ष	मास	दिन
1.							
2.							
3.							
				कुल समय			

4. इस प्रकार, इन न्यायालयों में कुल मिला कर यह लम्बित समय एक वर्ष से ऊपर का हो चुका है, या केस को तंग हो कर छोड़ने के समय एक वर्ष से ऊपर का समय हो चुका था, इसलिए आजीवक समाज की मदद में लगा हुआ यह आजीवक न्यायालय आजीवक सिविल संहिता, 2004 की धारा 15 (3) के तहत स्त्री और पुरुष की समानता से इस आजीवक विवाह को असमाधेय रूप से भंग हुआ मान कर इसमें सम्मानजनक तलाक देता है।

5. (i) इस तलाक में पति और पत्नी में से किसी पर कोई लांछन नहीं लगाया जा रहा है तथा तलाक प्राप्त करने के लिए या तलाक को रोकने के लिए बताया गया कोई भी आधार लुप्त समझा जा रहा है।

(ii) इस तलाक के द्वारा आजीवक व्यक्ति को न्यायालयों में व्याप्त भ्रष्टाचार, देरी और बहसबाजी, चरित्रहनन, अपमान और पीड़ा तथा क्रूरता और अमानवीयता की असह्य स्थितियों से निकाला जा रहा है।

(iii) इस तलाक के द्वारा आजीवक व्यक्ति की गरिमा और उसकी निजी स्वतन्त्रता की रक्षा की जा रही है।

(iv) इस तलाक के द्वारा आजीवक व्यक्ति को गैर-तलाक की परम्परा वाले कथनी और करनी के अन्तर, हिप्पोक्रेसी, झूठ बोलने, कलह और निर्लज्जता के अशोभनीय जीवन से हटाया जा रहा है तथा समाज में लोकसम्मत शिष्टाचार और सदाचार को स्थापित किया जा रहा है।

(v) इस तलाक के द्वारा आजीवक पति, आजीवक पत्नी और आजीवक बच्चों को धन आदि के तथा हत्या या आत्महत्या या घर छोड़ने या साधु बनने या गुलाम होने या वेश्या या जार होने के अन्य किसी प्रकार के अधिक नुकसान से बचाया जा रहा है।

(vi) सबसे अन्त में, इस तलाक के द्वारा आजीवक विवाह को द्विजों के ब्राह्म विवाह की दासता और फजीहत से मुक्त किया जा रहा है।

पीठासीन अधिकारी के हस्ताक्षर

दिनांक : ....

स्थान : ....

सन्दर्भ साहित्य

हिन्दी पुस्तकें

1. अक्करमाशी, शरण कुमार लिंबाले, अनुवादक सूर्य नारायण रणसुभे, ग्रंथ अकादमी, 1686, पुराना दरियागंज, नई दिल्ली-110002, प्रथम संस्करण, 1991
2. अम्बेडकर बनाम गांधी, एल. आर. बाली, आनन्द साहित्य सदन, अलीगढ़, 1994
3. कुटुम्ब न्यायालय अधिनियम, 1984, एशिया लॉ एजेन्सी, 1, महात्मा गांधी मार्ग, इलाहाबाद-211001, संस्करण 1994
4. कौटिलीय अर्थशास्त्रम्, व्याख्याकार वाचस्पति गैरोला, चौखम्बा विद्याभवन, पो. बा. नं. 69, वाराणसी-221001, तृतीय संस्करण, 1984
5. गृहस्थ में कैसे रहें?, स्वामी राम सुख दास, गोबिन्द भवन कार्यालय, गीता प्रेस, गोरखपुर, आठवाँ संस्करण, सम्वत 2049
6. चिकित्सा न्यायशास्त्र और विषविज्ञान, लेखक डॉ. सी. के. पारिख, अनुवादक डॉ. नरेन्द्र कुमार पटोरिया, विधि साहित्य प्रकाशन, विधि और न्याय मन्त्रालय, भारत सरकार, भगवानदास मार्ग, नई दिल्ली-110001, द्वितीय परिवर्धित और संशोधित संस्करण 1989
7. छान्दोग्योपनिषद, सानुवाद शांकर भाष्य सहित, गीता प्रेस, गोरखपुर, षष्ठ संस्करण, सम्वत् 2028
8. दण्ड प्रक्रिया संहिता, 1973, 3 जनवरी, 1994 को यथाविद्यमान, भारत सरकार, विधि, न्याय और कम्पनी कार्य मन्त्रालय, प्रकाशन-नियन्त्रक, सिविल लाइन्स, दिल्ली-110054, चौथा संस्करण 1994
9. धर्मशास्त्र का इतिहास, प्रथम भाग, मूल लेखक डॉ. पाण्डुरंग वामन काणे, अनुवादक अर्जुन चौबे काश्यप, उत्तर प्रदेश हिन्दी संस्थान, राजर्षि पुरुषोत्तमदास टण्डन हिन्दी भवन, महात्मा गाँधी मार्ग, लखनऊ, तृतीय संस्करण 1980
10. धर्मशास्त्र का इतिहास, डॉ. पी. वी. काणे, द्वितीय भाग, अनुवादक अर्जुन चौबे काश्यप, उत्तर प्रदेश हिन्दी संस्थान, राजर्षि पुरुषोत्तमदास टण्डन हिन्दी भवन, महात्मा गांधी मार्ग, लखनऊ, तृतीय संस्करण, दिसम्बर 1982

11. भगवान बुद्ध और उन का धर्म, डॉ. भीमराव रामजी आम्बेडकर, अनुवादक भदन्त आनन्द कौसल्यायन, भारतीय बौद्ध शिक्षा परिषद, जेतवन महाविहार, श्रावस्ती, बलरामपुर, उत्तर प्रदेश, द्वितीय संस्करण, 1970
12. भरण-पोषण का कानून, डॉ. राधेश्याम द्विवेदी, मल्होत्रा पब्लिशिंग हाउस, 255 के. एल. कीटगंज, इलाहाबाद-211003, प्रथम संस्करण 1991
13. भारत का संविधान, 1 सितम्बर, 1991 को यथाविद्यमान, भारत सरकार, विधि, न्याय और कम्पनी कार्य मन्त्रालय, विधायी विभाग, राजभाषा खंड, प्रकाशन-नियन्त्रक, सिविल लाइन्स, दिल्ली-110054, तीसरा संस्करण, 1991
14. भारत में जाति प्रथा : स्वरूप, कार्य और उत्पत्ति, जे. एच. हटन, अनुवादक मंगल नाथ सिंह, मोतीलाल बनारसी दास, बंगलो रोड, जवाहर नगर, दिल्ली-110007, प्रथम हिन्दी संस्करण 1983
15. भारतीय दण्ड संहिता, 1860, भाग-2, शैलेन्द्र कुमार अवस्थी, अशोका लॉ हाउस, 16-2/ए, लाउदर रोड, जार्ज टाउन, इलाहाबाद-211002, 1992
16. भारतीय साक्ष्य अधिनियम, 1872, 1 अगस्त, 1990 को यथाविद्यमान, भारत सरकार, विधि और न्याय मन्त्रालय, प्रकाशन-नियन्त्रक, सिविल लाइन्स, दिल्ली-110054, पाँचवाँ संस्करण 1990
17. विविध अपराध निर्देशिका, ममता श्रीवास्तव, लॉ काटेज, 86-A दरभंगा कालोनी, इलाहाबाद, प्रथम संस्करण 1992
18. स्वामी करपात्री जी और उन का राजनैतिक दर्शन, डॉ. रामजी मिश्र, आचार्य प्रकाशन, 190 बी/10, राजरूप पुर, इलाहाबाद, प्रथम संस्करण 1992
19. हिन्दू जाति का उत्थान और पतन, रजनी कान्त शास्त्री, किताब महल, 22ए, सरोजनी नायडू मार्ग, इलाहाबाद, संस्करण 1993
20. हिन्दू विधि, चन्द्रनाथ झा, सुविधा ला हाउस, 28, मालवीय नगर, रोशनपुरा, भोपाल-462003, संस्करण 1991
21. हिन्दू विधि के सिद्धान्त, विनायक विष्णु देशपाण्डे, सम्पादक डॉ अच्छे लाल, विधि साहित्य प्रकाशन, विधि और न्याय मन्त्रालय, विधायी विभाग, भारत सरकार, भगवान दास मार्ग, नई दिल्ली-110001, संस्करण 1987
22. हिन्दू विधि : हिन्दू विवाह अधिनियम, 1955, सेन्ट्रल लॉ पब्लिकेशन्स, 107, दरभंगा कालोनी, इलाहाबाद, संस्करण 1994
23. हिन्दू विवाह अधिनियम, इन्द्रजीत मल्होत्रा, ईस्टर्न बुक कम्पनी, 34, लाल बाग, लखनऊ-226001, द्वितीय संस्करण 1991

English Books

1. Dr. Baba Saheb Ambedkar : Writings and Speeches, Volume 4, Compiled by Vasant Moon, Education Department, Government of Maharashtra, Bombay-400 032, Ist Edition, 1987
2. Competing Equalities : Law and the Backward Classes in India, Marc Galenter, Oxford University Press, YMCS building, Jai Singh Road, New Delhi-110001, Oxford India Paperbacks, 1991
3. Harassed Husbands, Kusum, Regency Publications, New Delhi, 1993
4. Modi's Textbook of Medical Jurisprudence and Toxicology, Section I, Edited by C.A. Franklin, Twenty First Edition, Third Reprint, 1992, N.M. Tripathi Private Limited, Shamaldas Gandhi Marg, Bombay-400002
5. The Scheduled Castes, K.S. Singh, Oxford University Press, 1993
6. U.P. Zamindari Abolition and Land Reforms Act, 1950, Advocate Prakash Gupta, Alia Law Agency, 1 M.G. Marg, Allahabad-211001, 6th Edition.
7. Women : March Towards Dignity—Socio-Legal Perspectives, Edited by Kusum, Regency Publications, New Delhi, 1993

न्यायालयों के फैसले और मैन्युअल

1. गौतम कुन्दू बनाम पश्चिमी बंगाल राज्य और एक अन्य : 1993 : न्यायमूर्ति ए. एम. अहमदी और एस. मोहन, उच्चतम न्यायालय निर्णय पत्रिका (1994) 3 उम. नि. प. : 141
2. श्रीमती चन्द्रकला त्रिवेदी बनाम डॉ. एस. पी. त्रिवेदी, 24 अगस्त, 1993 : न्या. एस. रतनावेद पान्डियन और न्यायमूर्ति आर. एम. सहाय
3. श्रीमती जोर्डन डिंगडेह बनाम एस. एस. चोपड़ा (न्या. चिन्नप्पा रेड्डी) उच्चतम न्यायालय पत्रिका (1985) : 4 : उम. नि. प. 834
4. केरल राज्य और अन्य बनाम एन. एम. थामस : (1976) 2 उम. नि. प. 936
5. के. सी. वसन्त कुमार और एक अन्य बनाम कर्नाटक राज्य : (1985) 4 उम. नि. प. 670
6. The A.I.R. Manual, Civil & Criminal, Vol. 10, by V.R. Manohar and W.W. Chitaley, All India Reporter Limited, P.B. No. 209, Congress Nagar, Nagpur-440 012, 5th Edition, 1989
7. The AIR Manual Vol. 13.
8. The AIR Manual, Volume 26

लोक सभा की डिबेटें और रिपोर्टें

1. India : Parliamentary Debates : Pt-I!, 6/2/1951
2. India : Lok Sabha Debates : Pt.-II, 20 September, 1951

3. India : Lok Sabha Debates, Pt-II, 26-4-1955
4. India : Lok Sabha Debates, 02/05/1955
5. India : Lok Sabha Debates, 04/05/1955
6. India : Lok Sabha Debates, 05/05/1955
7. India : Lok Sabha Debates, 27.08.1984
8. अनुसूचित जातियों तथा जनजातियों पर अत्याचार : कारण और उपाय, राष्ट्रीय अनुसूचित जाति तथा अनुसूचित जनजाति आयोग की रिपोर्ट, भारत सरकार, अप्रैल, 1990
9. वार्षिक रिपोर्ट, 1994-95, कल्याण मन्त्रालय, भारत सरकार
10. Annual Report 1993-94, Ministry of Welfare, Government of India
11. Law Commission of India, 71st Report On the Hindu Marriage Act, 1955—Irretrievable Breakdown of Marriage As a Ground of Divorce, April 1978
12. Report of the Hindu Law Committee, 1947
13. Bill No. 23 of 1981 The Marriage Laws (Amendment) Bill, 1981, The 18th February, 1981.

समाचार पत्र और पत्रिकाएँ

1. जेवीजी टाइम्स, नई दिल्ली, 22 जुलाई, 1996
2. दैनिक जागरण, मेरठ संस्करण, 2 जनवरी, 1995
3. दैनिक जागरण, मेरठ संस्करण, 25 अप्रैल, 1995
4. नवभारत टाइम्स, नई दिल्ली, 11.7.1996
5. न्याय चक्र : प्रधान सम्पादक—राम विलास पासवान, 12, जनपथ, नई दिल्ली-110001, 15 अप्रैल से 14 मई, 1992
6. The Hindustan Times, New Delhi, Dated 14.7.1996
7. The Hindustan Times, New Delhi, Help Mate, Dated 28.8.96

डा. धर्मवीर के स्त्री सम्बन्धी साहित्य पर बहस

1. अठारवहीं (शब्द 'उन्नीसवीं' होना चाहिए) सदी में उभरा मुक्ति का स्वर, मुकुल प्रियदर्शिनी, जनसत्ता, 16 अप्रैल 1989, नई दिल्ली
2. अनर्गल प्रलाप व असंगतियाँ, विजय मोहन सिंह, इण्डिया टुडे, F-14/15, कनाट प्लेस, नई दिल्ली-110001, 1 मार्च 2006, पृ.-55-6
3. 'अनुगूँज' की गम्भीरता, डॉ. सुकीर्ति गुप्ता, कथादेश, सहयात्रा प्रकाशन प्रा. लि., सी-52/जेड-3, दिलशाद गार्डन, जनवरी 2004, दिल्ली–110095, पृ.-9
4. अपनी बात, सम्पादकीय, देश निर्मोही, पल प्रतिपल, एस. सी. एफ. 267, सेक्टर-16, पंचकूला-134113, हरियाणा, जून-सितम्बर, 2005, पृ.-3-4
5. अपनी भैंस कुल्हाड़ी से नाथूँ, तुम्हें क्या?, बालेश्वर राम, कथादेश, सहयात्रा प्रकाशन प्रा. लि. , सी-52/जेड-3, दिलशाद गार्डन, दिल्ली-110095, जून 2003, पृ.-5
6. अपनी मुक्ति के रास्ते अकेले में नहीं मिलते, सम्पादकीय लेख, द्वारिका प्रसाद चारुमित्र, अनभै साँचा, 148, सेक्टर-9, रोहिणी, दिल्ली-110085, प्रवेशांक, जनवरी-मार्च, 2006, पृ.-3-6
7. अपने गिरेबान में तो झांकिए, अनिता भारती, हंस, अक्षर प्रकाशन प्रा. लि., 2/36, अन्सारी रोड, दरियागंज, नई दिल्ली-110002, नवम्बर 2003, पृ.-10-11
8. अर्धनारीश्वर, विष्णु प्रभाकर (साहित्य अकादमी से पुरस्कृत इस उपन्यास में 'सीमन्तनी उपदेश' का शीर्षक ज्यों का त्यों रखा गया है लेकिन सम्पादक के रूप में मेरा नाम बदल दिया है। मैंने उन से अनुरोध किया है कि इतिहास का विषय होने की वजह से मेरा नाम भी ज्यों का त्यों रखा जाए। उन्होंने मेरा तर्क स्वीकार किया है।)
9. आए थे हरि भजन को..., कमाल अहमद, कथादेश, सहयात्रा प्रकाशन प्रा. लि., सी-52/जेड-3, दिलशाद गार्डन, दिल्ली-110095, नवम्बर 2003, पृ.-7-8
10. अशोक बनाम वाजपेयी का मतलब, हरे प्रकाश उपाध्याय, आजकल, प्रकाशन विभाग, कमरा नम्बर 120, सूचना भवन, सी. जी. ओ. कम्प्लेक्स, लोदी रोड, नई दिल्ली-110003, अप्रैल 2006, पृ.-46-7
11. अशोक बनाम वाजपेयी की समीक्षा, श्यौराज सिंह बेचैन, संवेद-14, बी-3/44, तीसरा तल, सेक्टर-16, रोहिणी, दिल्ली-110085, अप्रैल 2006, पृ.-293-302
12. आओ दलित-ब्राह्मण हो कर खेलें, नियत नायक, जनसत्ता, 01 जनवरी, 2006, दिल्ली संस्करण

13. आकर्षक मुखपृष्ठ, डा. प्रमोद कुमार सिंह, कथादेश, सहयात्रा प्रकाशन प्रा. लि., सी-52/जेड-3, दिलशाद गार्डन, दिल्ली-110095, दिसम्बर 2003, पृ. 6
14. आजादी के मायने, मंजू देवी, हंस, नवम्बर 2004, 2/36, अन्सारी रोड, दरियागंज, नई दिल्ली-110002, पृ.-63
15. आन्दोलन के रूप में शिवमूर्ति, उमाकान्त 'राही', कथादेश, सहयात्रा प्रकाशन प्रा. लि., सी-52/जेड-3, दिलशाद गार्डन, दिल्ली-110095, दिमम्बर 2003, पृ.-4
16. आलोचना की नई प्रवृत्ति, श्री भगवान सिंह, जनसत्ता, 30 अप्रैल, 2006
17. आलोचना के वीर और उन का धर्म, अरुण कुमार त्रिपाठी, हिन्दुस्तान, दिल्ली, 11 दिसम्बर, 2005
18. इतनी हायतौबा क्यों, उद्भ्रान्त, जनसत्ता, नई दिल्ली, 4 जून, 2006
19. इस में गलत क्या है, विद्या लाल, कथादेश, सहयात्रा प्रकाशन प्रा. लि., सी-52/जेड-3, दिलशाद गार्डन, दिल्ली-110095, अगस्त 2003, पृ.-83
20. उन्नीसवीं सदी के स्त्री-स्वर, संजीव, लोकमत समाचार, नागपुर, 26 सितम्बर 2004, पृ.-2
21. एक दौड़ती कड़वी सच्चाई, वेद प्रकाश दुबे, चौथी दुनिया, 16 से 22 जुलाई, 1989, पृ.-14
22. औरतों का नजरिया : सीमन्तनी उपदेश, वीर भारत तलवार, उन की पुस्तक 'रस्साकशी : 19वीं सदी का नवजागरण और पश्चिमोत्तर प्रान्त' में, सारांश प्रकाशन प्राइवेट लिमिटेड, 142-ई, पाकेट-4, मयूर विहार-1, दिल्ली-110091, प्रथम संस्करण 2002, पृ. -221-236, 240, 244
23. औलाद चाहने वाली एक औरत का हाल, दैनिक नवभारत टाइम्स, रविवारीय, 27 नवम्बर 1988, पृ.-3, कालम 3-6
24. कई स्तरों पर चलना चाहिए दलित-आन्दोलन, डा. नंद किशोर नवल से शशांक शेखर की बातचीत, युद्धरत आम आदमी, रमणिका फाउन्डेशन, ए-221, डिफेंस कालोनी, ग्रा. फ्लोर, नई दिल्ली-110024, अंक-81, अप्रैल-जून, 2006, पृ.-52-3
25. 'कफन' और 'दलित स्त्री विमर्श', अनिता भारती, कृति संस्कृति संधान, बी-2/51, रोहिणी सेक्टर-16, दिल्ली-110085, अप्रैल-दिसम्बर 2003, पृ.-209-13
26. कामसूत्रों के नायकों से सवाल, मोहन दास नैमिशराय, तीसरा पक्ष, 3734/23 ए, त्रिमूर्ति नगर, दमोह नाका, जबलपुर, मध्य प्रदेश-482 002, जनवरी-मार्च, 2006, पृ.-6-9
27. 'काश पूछो कि मुद्दा क्या है....!' परिभाषाओं का संघर्ष, पुरुषोत्तम अग्रवाल, कथादेश, सहयात्रा प्रकाशन प्रा. लि., सी-52/जेड-3, दिलशाद गार्डन, दिल्ली-110095, नवम्बर, 2003, पृ.-38-43
28. काश! फलक विस्तृत होता, अनिता भारती, कथादेश, सहयात्रा प्रकाशन प्रा. लि., सी-52/जेड-3, दिलशाद गार्डन, दिल्ली-110095, जून 2003, पृ.-63
29. किस मुंह से, उग्रनाथ, जनसत्ता, दिल्ली संस्करण, 25 अक्तूबर, 2005
30. कोई मन्त्र दो गुरु!, योगेन्द्र शर्मा, हंस, 2/36, अन्सारी रोड, दरियागंज, नई दिल्ली-110002, जनवरी, 2006, पृ.-11

31. को बड़ छोट कहत अपराधू, कविता, कथादेश, सहयात्रा प्रकाशन प्रा. लि., सी-52/जेड-3, दिलशाद गार्डन, दिल्ली-110095, अगस्त 2003, पृ.-81-2
32. कौन है दलितों का सगा?, प्रो. रामदेव शुक्ल, वाङ्मय : दलित विशेषांक अंक, सम्पादक डॉ. एम. फीरोज अहमद, ई-3, अब्दुल्लाह क्वाटर्स, लाल बहादुर शास्त्री मार्ग, अमीर निशाँ, अलीगढ़, 202002, जनवरी-मार्च, 2006, पृ.-31-9
33. क्या प्रेमचंद जी की कोई रखैल थी?, डा. कौशल राय, समाचार टाइम्स, संस्मरण कथा विशेषांक, पृ.-2-4
34. क्या स्त्री विरोधी हैं दलित लेखक?, सुमन प्रभा, दलित प्रक्रिया, अक्तू-नवम्बर 1994, पृ.-5-7
35. क्या हम आपकी खेती हैं?, रजनी तिलक, कथादेश, सहयात्रा प्रकाशन प्रा. लि., सी-52/जेड-3, दिलशाद गार्डन, दिल्ली-110095, अगस्त 2003, पृ. -79-81
36. खड़ा करो विवाद और बेचो किताब, विवेक शुक्ला, दैनिक हिन्दुस्तान, दिल्ली, 25 सितम्बर, 2005
37. खूबसूरत दुश्मनों के बीच, देवदत्त, जनसत्ता, दिल्ली, 3 अगस्त 2003
38. गर दलित पत्नी सताए तो डॉ. धर्मवीर को बताएँ, अनीता भारती, युद्धरत आम आदमी, रमणिका फाउन्डेशन, A-2-21, डिफेन्स कालोनी, नई दिल्ली-110024, जनवरी-मार्च 2005, पृ. -74-7
39. गोरे नंद, जसोदा गोरी...., डा. धर्मवीर, जनसत्ता, दिल्ली संस्करण, 16 अक्टूबर 2005
40. घेरे में रचनाकार, जनसत्ता, दिल्ली, 30 अक्टूबर, 2005
41. चित भी मेरी, पट भी मेरी और...., ईश गंगानिया, अपेक्षा-13, 27 घौंडली, कृष्णा नगर, दिल्ली-110051, अक्तूबर-दिसम्बर, 2005, पृ.-48-57
42. चूक गए, जोखिम देवलिया, हंस, अक्षर प्रकाशन प्रा. लि., 2/36, अन्सारी रोड, दरिया गंज, नई दिल्ली-110002, नवम्बर 2003, पृ.-11
43. जमींदार और सामन्त साहित्यकार और कलाकार नहीं होते : डॉ. धर्मवीर की पुस्तक 'प्रेमचन्द : सामन्त का मुंशी' का एक अंश, अम्बेडकर इन इण्डिया, तमकुहीराज, कुशीनगर, उ. प्र. —274 407, अगस्त, 2005, पृ.-31-3
44. जमींदार का कारिंदा, सुमित गौतम, दि संडे पोस्ट, 30 अक्टूबर, 2005
45. जाति चेतना का विकास, कंवल भारती, हंस, 2/36, अन्सारी रोड, दरियागंज, नई दिल्ली-110 002, फरवरी, 2006, पृ.-9
46. जीवन की अनुगूँज, यशवन्त पाल, कथादेश, सहयात्रा प्रकाशन प्रा. लि., सी-52/जेड-3, दिलशाद गार्डन, दिल्ली-110095, दिसम्बर 2003, पृ.-4
47. जेवर-गहने से पीछा क्यों नहीं छूटता!, सम्पादक, चौथी दुनिया, 16 से 22 जुलाई, 1989, पृ.-14
48. टापू नहीं है कोई भी, ललित कार्तिकेय, कथादेश, सहयात्रा प्रकाशन प्रा. लि., सी-52/जेड-3, दिलशाद गार्डन, दिल्ली-110095, सितम्बर-2003, पृ. -60-61
49. ढोल गँवार सूद्र पसु नारी का जवाब, राज किशोर, जनसत्ता, दिल्ली, 9 अक्टूबर, 2005

50. तब लिखने का साहस नहीं हुआ, दलित लेखक सूरज पाल चौहान से अजित राय की बातचीत, राष्ट्रीय सहारा, नई दिल्ली, 24 अप्रैल, 2006
51. तर्क को कुतर्क से मत काटो, प्रो. कमला प्रसाद, प्रगतिशील वसुधा-66, एम-31, निराला नगर, दुष्यंत मार्ग, भदभदा रोड, भोपाल—462 003, जुलाई-सितम्बर 2005, पृ.-24-9
52. तिहरा अभिशाप अर्थात् दलित अस्मिता विमर्श में स्त्री, बजरंग बिहारी तिवारी, हंस, अक्षर प्रकाशन प्रा. लि., 2/36, अन्सारी रोड, दरियागंज, नई दिल्ली-110002, जुलाई 2000, पृ.-91
53. तुलसी का पाठ, प्रवीण कुमार, जनसत्ता, दिल्ली, 6 दिसम्बर, 2005
54. दलित-अस्मिता के लिए गठबन्धन जरूरी, ईश कुमार गंगानिया, 27-घौंडली, कृष्णा नगर, दिल्ली-110051, अप्रैल-जून 2004, पृ.-53-56, 71
55. दलित आन्दोलन : भविष्यदृष्टि का प्रश्न, सुभाष गाताडे, कथादेश, सहयात्रा प्रकाशन प्रा. लि., सी-52/जेड-3, दिलशाद गार्डन, दिल्ली-110095, अगस्त 2003, पृ.-84-6
56. दलित कथाकारों में बंटवारे की रणनीति, मोहनदास नैमिशराय, दलित साहित्य (वार्षिकी) 2005, बी-634, डी. डी. ए. फ्लैट्स, ईस्ट आफ लोनी रोड, दिल्ली-110 093, पृ.-39-47
57. दलित चिन्तन या वितण्डावाद, अरुण माहेश्वरी, जनसत्ता, दिल्ली संस्करण, 7 अक्टूबर, 2005
58. दलित दर्शन या दलित मनुवाद!, सुमन प्रभा, समकालीन जनमत, 16-31 जुलाई 1995, पृ.-29-31
59. दलित दर्शन : सीमित दायरे की बहस, अखिलेश, समकालीन जनमत, 1-15 सितम्बर, 1995, पृ.-26
60. दलित प्रश्न और प्रेमचंद, डा. रामचन्द्र, कथादेश, सी-52/जेड-3 दिलशाद गार्डन, दिल्ली-110 095, जून 2006, पृ.-62-5
61. दलित लेखन ने सारे विमर्श को बदला है : कँवल भारती, कँवल भारती से बजरंग बिहारी तिवारी की बातचीत, कथादेश, सी-52/जेड-3, दिलशाद गार्डन, दिल्ली-110095, दिसम्बर, 2006, पृ.-52-5
62. दलित वार्षिकी 2005—विखंडन का आयोजन, हंस, 2/36, अन्सारी रोड, दरियागंज, नई दिल्ली-110 002, मई, 2006, पृ.-86
63. दलित-विमर्श का इतिहास चक्र, व्रज कुमार पाण्डेय, आलोचना त्रैमासिक, मैत्री शान्ति भवन, फ्लैट नम्बर 4, डी एम दास रोड, पटना-800 004, बिहार, अप्रैल-जून, 2004, पृ.-59-71
64. दलित साहित्यकार : नयी चुनौतियाँ, राम सनेही 'विनय', स्मारिका स्पन्दन : नारी अस्मिता अंक, डा. अम्बेडकर जन साहित्य संस्थान, एल-381, इन्दिरा नगर, रायबरेली-226001, 2006, सम्पादकीय, पृ.-5-7
65. दलित साहित्य : समर्थन और विरोध के बीच, प्रस्तुति अजित राय, हंस, 2/36, अन्सारी रोड, दरियागंज, नई दिल्ली-110 002, अक्टूबर, 2005, पृ.-82-3
66. दलित साहित्य समीक्षा के नए प्रतिमान : सन्दर्भ 'प्रेमचन्द : सामंत का मुंशी', कृष्णदत्त पालिवाल, अपेक्षा 13, 27-घौंडली, कृष्णा नगर, दिल्ली-110 051, अक्तूबर-दिसम्बर, 2005, पृ.-58-63

67. दलित साहित्य वयस्क हो रहा है, मोहन दास नैमिशराय से ईश कुमार गंगानिया की बातचीत, अपेक्षा, 27-घौंडली, कृष्णा नगर, दिल्ली-110 051, अप्रैल-जून 2004, पृ.-37
68. दलित साहित्य-विमर्श में स्त्री, बजरंग बिहारी तिवारी, कथादेश, सहयात्रा प्रकाशन प्रा. लि., सी-52/जेड-3, दिलशाद गार्डन, दिल्ली-110095, जनवरी 2003, पृ. -39-49
69. दलित स्त्रियाँ किस की सम्पत्ति हैं, राजकिशोर, जनसत्ता, दिल्ली संस्करण, 3 अक्टूबर, 2005
70. दलित स्त्री का कब्जाकरण, रमणिका गुप्ता, कथादेश, सहयात्रा प्रकाशन प्रा. लि., सी-52/जेड-3, दिलशाद गार्डन, दिल्ली-110095, जुलाई 2003, पृ. -61-5
71. दलितों को अकेले न छोड़ें, अरुण कुमार त्रिपाठी, दैनिक हिन्दुस्तान, दिल्ली संस्करण, 17 सितम्बर, 2005
72. दलितों में दलित है स्त्री, पुष्पा विवेक, कथादेश, सहयात्रा प्रकाशन प्रा. लि., सी-52/जेड-3, दिलशाद गार्डन, दिल्ली-110095, जून 2003, पृ. -61-2
73. दृष्टि का दंश, विद्या रानी, हंस, 2/36, अन्सारी रोड, दरिया गंज, नई दिल्ली-110002, अगस्त 1999, पृ.-96
74. देवदत्त क्यों हँसे?, धर्मवीर, जनसत्ता, नई दिल्ली, 6 जुलाई 2003
75. धर्मवीर की नैतिकता, अनिता भारती, कथादेश, सहयात्रा प्रकाशन प्रा. लि., सी-52/जेड-3, दिलशाद गार्डन, दिल्ली-110095, नवम्बर 2003, पृ. -6-7
76. धर्मवीर की पुस्तक के लोकार्पण का बहिष्कार, एजेंसी, राजस्थान पत्रिका, नई दिल्ली और कोलकाता संस्करण, 13 सितम्बर, 2005
77. धर्मवीर के लेखन का विरोध क्यों, अनिता भारती, जनसत्ता, दिल्ली, 25 सितम्बर, 2005
78. नयी जान आ गयी है, पवन कुमार सिंह, कथादेश, सहयात्रा प्रकाशन प्रा. लि., सी-52/जेड-3, दिलशाद गार्डन, दिल्ली-110095, सितम्बर 2003
79. नारी की अन्तर्वेदना की सफल अभिव्यक्ति : सीमन्तनी उपदेश, नगर संवाददाता, दैनिक वीर अर्जुन, नई दिल्ली संस्करण, 24 नवम्बर 1988, पृ.-3, कालम-7-8
80. नारी जागरण का उद्‌घोष, डा. हरिमोहन, आजकल, जून 1989, पृ.-41-2
81. नारी मुक्तिकाव्य, मंजू देवी, हंस, 2/36, अन्सारी रोड, दरियागंज, नई दिल्ली-110002, अगस्त 1999, पृ.-96
82. नारीवाद बनाम देहवाद, सुभाष धायल, जनसत्ता, नई दिल्ली, 21 अक्टूबर 2004
83. नारी वादिनों को शुभकामनाएँ, सत्यपाल सिंह, कथादेश, सहयात्रा प्रकाशन प्रा. लि., सी-52/जेड-3, दिलशाद गार्डन, दिल्ली-110095, जुलाई 2003, पृ.-65
84. नारी समस्या का जीवन्त दस्तावेज, सुरेश कुमार, समीक्षायन, पृ.-68-9
85. निर्गुण धारा की आलोचनात्मक अभिव्यक्ति, रत्न कुमार सांभरिया, जनसत्ता, नई दिल्ली, 11 जून, 2006
86. निशाने से आगे, देवदत्त, जनसत्ता, दिल्ली, 8 जून, 2003, पृ-7
87. नैतिकताओं का द्वन्द्व, अजय चंद्रवंशी, हंस, 2/36, अन्सारी रोड, दरियागंज, नई दिल्ली-110 002, जनवरी 2006, पृ.-11-2

88. पत्र-प्रतिक्रिया, डॉ. वन्दना मिश्रा, युद्धरत आम आदमी, रमणिका फाउन्डेशन, ए-221, डिफेंस कालोनी, ग्रा. फ्लोर, नई दिल्ली-110 024, अंक-81, अप्रैल-जून, 2006, पृ.-103
89. परछाईं से संघर्ष करती नारी, राज भारती, समकालीन जनमत, 1-15 सितम्बर 1995, पृ.-25-6
90. पाठक प्रतिक्रिया, रमेश निर्मल, अपेक्षा, 27-घोंडली, कृष्णा नगर, दिल्ली-110 051, अक्टूबर-दिसम्बर 2003, पृ .-2-3
91. पाठक प्रतिक्रिया, अंगद किशोर, अपेक्षा-14, 27, घोंडली, कृणा नगर, दिल्ली-110 051, जनवरी-मार्च, 2006, पृ.-3
92. पाठक प्रतिक्रिया, कुसुम मेघवाल, अपेक्षा-14, 27, घोंडली, कृष्णा नगर, दिल्ली-110051, जनवरी-मार्च, 2006, पृ.-4
93. पाठक प्रतिक्रिया, के. के. सिंह, अपेक्षा-14, 27, घोंडली, कृष्णा नगर, दिल्ली-110 051, जनवरी-मार्च, 2006, पृ.-4
94. पाठक प्रतिक्रिया, रामसनेही विनय, अपेक्षा-14, 27, घोंडली, कृष्णा नगर, दिल्ली-110 051, पृ.-3
95. पाठकों को इतना मूर्ख क्यों समझते हैं?, डा. प्रमोद कुमार सिंह, कथादेश, सहयात्रा प्रकाशन प्रा. लि., सी-52/जेड-3, दिलशाद गार्डन, दिल्ली-110095, जून 2003, पृ.-6
96. पार्टनर आप की पालिटिक्स क्या है, सम्पादकीय, हेतु भारद्वाज, समय माजरा, राष्ट्र भाषा प्रचार समिति, हिन्दी भवन, आगरा रोड, जयपुर-302 003, नवम्बर-दिसम्बर, 2005, पृ.-3-5
97. पुस्तकें 2005 : एक सर्वेक्षण, श्रीधरम, हंस, 2/36, अन्सारी रोड, दरिया गंज, नई दिल्ली-110 002, जनवरी 2006, पृ.-88
98. प्रस्तावना, कुसुम चतुर्वेदी, नया मानदण्ड, आचार्य रामचंद्र शुक्ल साहित्य शोध संस्थान, दुर्गाकुण्ड, वाराणसी, अप्रैल-जून 2003, पृ.-9
99. प्रेमचन्द : एक पर्सनल सा सवाल, सुधीश पचौरी, दैनिक हिन्दुस्तान, दिल्ली संस्करण, 8 अक्टूबर 2005
100. प्रेमचंद का नायक दलित नहीं है—श्यौराज सिंह बेचैन, प्रस्तुति सिद्धार्थ, आज, गोरखपुर संस्करण, 28 फरवरी, 2006
101. प्रेमचंद के चरित्र पर उंगली उठाती धर्मवीर की पुस्तक पर विवाद, सहारा न्यूज ब्यूरो, राष्ट्रीय सहारा, नयी दिल्ली, 15 सितम्बर, 2005
102. प्रेमचन्द के निन्दक, वीरेन्द्र यादव, तदभव, 18/201, इन्दिरा नगर, लखनऊ—226016, उत्तर प्रदेश, अक्टूबर 2005, पृ.-69-77
103. 'प्रेमचन्द कोई पत्थर की लकीर नहीं' : धर्मवीर की पुस्तक श्रृंखला का लोकार्पण, दैनिक हिन्दुस्तान, दिल्ली, 13 सितम्बर, 2005
104. प्रेमचंद को स्त्री विरोधी बताने पर बवाल, वार्ता, पंजाब केसरी, दिल्ली, 13 सितम्बर, 2005, पृ.-5
105. प्रेमचंद को 'स्त्री विरोधी' बताने का विरोध, दैनिक भास्कर, दिल्ली, 13 सितम्बर, 2005
106. प्रेमचन्द दलित अस्मिता के आइने में, शिवनाथ चौधरी आलम, तीसरा पक्ष, 3734/23 ए, त्रिमूर्ति नगर, जबलपुर, मध्य प्रदेश-482 002, पृ.-81-112

107. प्रेमचन्द पर फिर विवाद, वार्ता, डेली हिन्दी मिलाप, हैदराबाद, 2 अगस्त, 2005
108. प्रेमचन्द : सामन्त का मुंशी, डा. धर्मवीर, पल प्रतिपल, एस. सी. एफ. 267, सेक्टर 16, पंचकूला-134 113, हरियाणा, जून-सितम्बर, 2005, पृ.-67-71
109. प्रेमचंद : सामन्त का मुंशी : धर्मवीर की तालिबानी नैतिकता की कसौटी पर!, रमणिका गुप्ता, हंस, 2/36, अन्सारी रोड, दरियागंज, नई दिल्ली-110 002, नवम्बर, 2005, पृ.-94-5
110. बंटवारा सम्भव नहीं, हरीश कुमार, हंस, अक्षर प्रकाशन प्रा. लि., 2/36, अन्सारी रोड, दरियागंज, नई दिल्ली-110002, अक्टूबर 2004, पृ.-9
111. बदमाशों की हालत, चौथी दुनिया, 30 जुलाई से 5 अगस्त, 1989, पृ.-14
112. 'बहस, वाह भई, वाह', मुन्नी चौधरी, कथादेश, सहयात्रा प्रकाशन प्रा. लि., सी-52/जेड-3, दिलशाद गार्डन, दिल्ली-110095, सितम्बर 2003, पृ.-6
113. बहस का अन्त स्त्री से होना चाहिए, रजनी तिलक, कथादेश, सहयात्रा प्रकाशन प्रा. लि., सी-52/जेड-3, दिलशाद गार्डन, दिल्ली-110095, नवम्बर 2003, पृ.-6
114. बिजूका नहीं हैं औरतें, सत्येंद्र कुमार, हंस, 2/36, अंसारी रोड, दरियागंज, नई दिल्ली-110 002, जनवरी 2006, पृ.-9
115. बेजोड़ है, गोविन्द सेन, कथादेश, सहयात्रा प्रकाशन प्रा. लि., सी-52/जेड-3, दिलशाद गार्डन, दिल्ली-110095, जून 2003, पृ.-5
116. बेमतलब!..., द्रोणवीर कोहली, हंस, 2/36, अन्सारी रोड, दरियागंज, नई दिल्ली-110002, जनवरी 2006, पृ.-10
117. बेहद मर्मस्पर्शी, गन्धर्व आनन्द, कथादेश, सहयात्रा प्रकाशन प्रा. लि., सी-52/जेड-3, दिलशाद गार्डन, दिल्ली-110095, सितम्बर 2003, पृ.-6
118. ब्राह्मणवाद का दलित सामंत, सम्पादकीय, तेजसिंह, अपेक्षा-13, 27-घौंडली, कृष्णा नगर, दिल्ली-110 051, अक्तूबर-दिसम्बर, 2005, पृ.-5-15
119. भारतीय स्त्री : शोषण का यथार्थ, गौरीनाथ, इंडिया टुडे, 12 सितम्बर 2005, लिविंग मीडिया इंडिया लि., एफ-14/15, कनाट प्लेस, नई दिल्ली-110001, पृ.-72
120. भाषिक शिष्टता के नमूने, डा. धर्मवीर, जनसत्ता, दिल्ली, 10 दिसम्बर, 2005
121. भाषिक शिष्टता के नमूने?, डॉ. धर्मवीर, दलित साहित्य (वार्षिकी) 2005, बी-634, डी.डी.ए. फ्लैट्स, ईस्ट आफ लोनी रोड, दिल्ली-110 093, पृ.-128-131
122. भोंडा 'दलित शास्त्र', अरुण माहेश्वरी, उद्‌भावना, अंक-69, एच-55, सेक्टर 23, राज नगर, गाजियाबाद, उत्तर प्रदेश, पृ.-115-7
123. मंच और डा. धर्मवीर, महेश चन्द्र पुनेठा, समकालीन जनमत, 1-15 सितम्बर 1995, पृ.-4-5
124. मनमाने की बात, श्रीभगवान सिंह, जनसत्ता, दिल्ली, 25 दिसम्बर, 2005
125. मनुवाद का नया संस्करण, विमल थोरात, कथादेश, सहयात्रा प्रकाशन प्रा. लि., सी-52/जेड-3, दिलशाद गार्डन, दिल्ली-110095, जुलाई 2003, पृ.-66-9
126. मनुवादी परम्परा की अगली कड़ी, डॉ. रजनी दिसोदिया, अपेक्षा-13, 27-घौंडली, कृष्णानगर, दिल्ली-110 051, अक्तूबर-दिसम्बर, 2005, पृ.-74-8
127. मर्यादा का सवाल, अंशुमाली रस्तौगी, जनसत्ता, दिल्ली संस्करण, 5 अक्टूबर, 2005
128. महिला विरोधी लेखन के सामन्त की शल्य-चिकित्सा, अनिता भारती, अपेक्षा-13, 27-घौंडली,

कृष्णा नगर, दिल्ली-110 051, अक्तूबर-दिसम्बर, 2005, पृ.-67-73

129. मान न मान, मैं तेरा मेहरबान, मैत्रेयी पुष्पा, कथादेश, सहयात्रा प्रकाशन प्रा.लि., सी-52/जेड-3, दिलशाद गार्डन, दिल्ली-110095, जून 2003, पृ.-58-61

130. मानव विरोधी और फासिस्ट सोच, सुदीप्ति, कथादेश, सहयात्रा प्रकाशन प्रा. लि., सी-52/जेड-3, दिलशाद गार्डन, दिल्ली-110095, जून 2003, पृ.-62-3

131. मुँह में राम...., रमेश निर्मल, कथादेश, सहयात्रा प्रकाशन प्रा. लि., सी-52/जेड-3, दिलशाद गार्डन, दिल्ली-110095, सितम्बर 2003, पृ.-61-4

132. मुझ को डर आतिशे गुल से है....: अस्मिता विमर्श : एक पड़ताल, पुरुषोत्तम अग्रवाल, कथादेश, सहयात्रा प्रकाशन प्रा. लि., सी-52/जेड-3, दिलशाद गार्डन, दिल्ली-110095, फरवरी 2003, पृ.-31-8

133. मुंशी प्रेमचंद फिर विवाद के घेरे में, आलोक पराड़कर, दैनिक हिन्दुस्तान, लखनऊ संस्करण, 28 सितम्बर, 2005

134. मुक्ति-एक सामूहिक आयोजन, रसाल सिंह, अप्रकाशित

135. मुलाकात एक आधुनिक जुलाहे से, सूरज पाल चौहान, 'संतप्त' (आत्मकथा) में एक अध्याय, वाणी प्रकाशन, 21 ए, दरियागंज, नई दिल्ली-110 002, प्रथम संस्करण 2006, पृ.-113-122

136. मेरा दुश्मन मेरा दोस्त, अंशुमाली रस्तोगी, हंस, अक्षर प्रकाशन प्रा. लि., 2/36, अन्सारी रोड, दरियागंज, नई दिल्ली-110002, दिसम्बर 2003, पृ.-14

137. मेरी चिन्ता छोड़ बावरे कर तू अपनी चिन्ता, संजीव चन्दन, पुस्तक वार्ता, नवम्बर-दिसम्बर 2004, महात्मा गांधी अन्तरराष्ट्रीय हिन्दी विश्वविद्यालय, पोस्ट बाक्स नं.-16, पंचटीला, उमरी, वर्धा-442001

138. यह किस का कफन है?, बच्चन सिंह, नया ज्ञानोदय, 18, इन्स्टीट्यूशनल एरिया, लोदी रोड, पोस्ट बाक्स नं. 3113, नई दिल्ली-110003, नवम्बर 2006, पृ.-30-35

139. यह ब्राह्मणवादी षडयन्त्र है, अजय नावरिया, कथादेश, सहयात्रा प्रकाशन प्रा. लि., सी-52/जेड-3, दिलशाद गार्डन, दिल्ली-110095, अगस्त 2003, पृ.-83

140. रखैल और जार का दलित-पाठ, राजेन्द्र यादव, हंस, 2/36, अन्सारी रोड, दरियागंज, नई दिल्ली-110 002, नवम्बर, 2005, पृ. सं.-4-9

141. रोटी कपड़ा लो, और तुम्हें कुछ अख्तियार नहीं, अरुण प्रकाश, अलाव, पृ.-30-33, साभार, चौथी दुनिया, 20-26 अगस्त 1989, पृ.-13

142. लड़ेंगे कैसे?, चंद्रमौलेश्वर प्रसाद, हंस, 2/36, अन्सारी रोड, दरिया गंज, नई दिल्ली-110 002, मार्च, 2006, पृ.-10

143. लिखा लेने का दंभ, मीनाक्षी सखी, हंस, अक्षर प्रकाशन प्रा. लि., 2/36, अन्सारी रोड, दरियागंज, नई दिल्ली-110002, अक्टूबर 2004, पृ.-11-2

144. लेखन-कला से निकली थी कायस्थ जाति, प्रमोद कुमार, हंस, 2/36, अन्सारी रोड, दरियागंज, नई दिल्ली-110 002, फरवरी, 2006, पृ.-40-43

145. लोकार्पण के दौरान लेखन का विरोध, जनसत्ता ब्यूरो, जनसत्ता, दिल्ली संस्करण, 13 सितम्बर, 2005, पृ.-7, कोलकाता संस्करण, 14 सितम्बर, 2005

146. लोकार्पण समारोह में ही प्रेमचंद की प्रासंगिकता पर उठाया सवाल : प्रेमचंद का लिखा पत्थर

की लकीर नहीं : नैमिशराय, दैनिक जागरण, दिल्ली, 13 सितम्बर, 2005, पृ.-5

147. वक्त की बात है, पुरुषोत्तम अग्रवाल, जनसत्ता, दिल्ली संस्करण, 26 दिसम्बर, 2005

148. विचार का विषय, स्वामी नित्यानंद, हंस, 2/36, अन्सारी रोड, दरियागंज, नई दिल्ली- 110 002, फरवरी, 2006, पृ.-7

149. विधवा विवाह क्यों नहीं कर सकती, सम्पादक, चौथी दुनिया, 23 से 29 जुलाई 1989, पृ.-14

150. विरोध सही, तरीका गलत, जनसत्ता, दिल्ली, 25 सितम्बर, 2005

151. विवाद करो और किताब बेचो, हिन्दुस्तान

152. विवाह एक पवित्र बन्धन, प्रतिभा अग्रवाल, जनसत्ता, दिल्ली, 2 जुलाई 2003

153. विवाह की मर्यादा एक पवित्र धोखा, मैत्रेयी पुष्पा, जनसत्ता, दिल्ली, 15 जून 2003

154. विवाहेतर सम्बन्ध मुक्ति का स्वर्गद्वार नहीं, सुदीप्ति, जनसत्ता, दिल्ली, 29 जून 2003

155. विवाह-संस्था अन्यायपूर्ण, यशदेव शल्य, जनसत्ता, दिल्ली, 29 जून 2003

156. विवेकानन्द के माहौल में...., शैलेन्द्र कुमार त्रिपाठी, हंस, 2/36, अन्सारी रोड, दरिया गंज, नई दिल्ली-110002, नवम्बर 2002, पृ.-62-3

157. वे वहाँ कैद हैं, सम्पादकीय, देवेश चौधरी, तीसरा पक्ष, 3734/23A, त्रिमूर्ति नगर, दमोह नाका, जबलपुर, मध्य प्रदेश-482002, संयुक्तांक जुलाई-दिसम्बर, 2005

158. वैवाहिक बन्धन अगर धोखा हो तो नकार देना चाहिए, उमाकान्त राही, कथादेश, सहयात्रा प्रकाशन प्रा. लि., सी-52/जेड-3, दिलशाद गार्डन, दिल्ली-110095, अगस्त 2003, पृ.-4

159. सच कहने का साहस, वैद्यनाथ मिश्र, कथादेश, सहयात्रा प्रकाशन प्रा. लि., सी-52/जेड-3, दिलशाद गार्डन, दिल्ली-110095, जनवरी 2004, पृ.-7

160. संघर्ष का बँटवारा नहीं किया जा सकता, शरण कुमार लिम्बाले से बजरंग बिहारी तिवारी की बातचीत, कथादेश, सहयात्रा प्रकाशन प्रा. लि., सी-52/जेड-3, दिलशाद गार्डन, दिल्ली-110 095, अगस्त 2004, पृ.-55-7

161. सन्त को नमन, वोल्गा, कथादेश, सहयात्रा प्रकाशन प्रा. लि., सी-52/जेड-3, दिलशाद गार्डन, दिल्ली-110095, दिसम्बर 2003, पृ. 5-6

162. समय, सवाल और सरोकार, रमणिका गुप्ता, युद्धरत आम आदमी, रमणिका फाउन्डेशन, A 2-21, डिफेन्स कालोनी, नई दिल्ली-110 024, अक्तूबर-दिसम्बर 2005, पृ.-5-6

163. सम्पादकीय, डा. जयप्रकाश कर्दम, दलित साहित्य (वार्षिकी) 2005, बी-634, डी. डी. ए. फ्लेट्स, ईस्ट आफ लोनी रोड, दिल्ली-110 093, पृ.-5-12

164. सम्पादन की गलत मिसाल, डा. धर्मवीर, जनसत्ता, नई दिल्ली, 28 मई, 2006

165. सवर्ण पति बनाम दलित पति, प्रभा खेतान, कथादेश, सहयात्रा प्रकाशन प्रा. लि., सी-52/जेड-3, दिलशाद गार्डन, दिल्ली-110095, जून 2003, पृ.-53-8

166. साक्षात्कार : राजेन्द्र यादव, अम्बेडकर इन इण्डिया, तमकुट्टीराज, कुशीनगर, उत्तर प्रदेश-274407, अगस्त 2006, पृ. 23-8

167. सागर का कथा-संसार, सुशीला पुरी, हंस, 2/36, अन्सारी रोड, दरियागंज, नई दिल्ली- 110 002, जनवरी, 2006, पृ.-10

168. सामंत का मुंशी या कलम का सिपाही, अरुण आदित्य, पल प्रतिपल, एस. सी. एफ. 267, सेक्टर-16, पंचकूला-134113, हरियाणा, जून-सितम्बर, 2005, पृ.-72-5

169. सार्थक बहस, नरेन्द्र, कथादेश, सहयात्रा प्रकाशन प्रा. लि., सी-52/जेड-3, दिलशाद गार्डन, दिल्ली-110095, सितम्बर 2003, पृ.-6
170. सार्थक सम्बन्ध सेतु, डा. अजय तिवारी, राष्ट्रीय सहारा, नई दिल्ली, 19 फरवरी, 2006
171. साहित्य का मातृशिशु कल्याण विभाग, अनामिका, जनसत्ता, दिल्ली संस्करण, 23 अक्टूबर, 2005
172. साहित्य की राजनीति, कमल नयन चौबे, जनसत्ता, दिल्ली, 26 नवम्बर, 2005
173. साहित्य में जूते-चप्पल, उग्रनाथ, जनसत्ता, दिल्ली संस्करण, 3 अक्टूबर, 2005
174. साहित्य में संवाद चले या चप्पल जूते?, श्यौराज सिंह बेचैन, जनसत्ता, दिल्ली, 18 सितम्बर, 2005, पृ.-7
175. सीमन्तनी उपदेश, समीक्षक हरीश भादानी, नया शिक्षक, टीचर टुडे, जनवरी-मार्च, 1989, पृ.-89, 101
176. 'सीमन्तनी उपदेश' पुस्तक पर चर्चा, नवभारत टाइम्स, नई दिल्ली संस्करण, 24 नवम्बर, 1988, पृ.-1, कालम-1
177. सीमन्तनी उपदेश लेखिका : एक अज्ञात औरत, समीक्षक डा. मो. दि. पराडकर, हिन्दी संघ समाचार, अखिल भारतीय हिन्दी संस्था संघ, नई दिल्ली, मार्च, अप्रैल, मई, 1989, पृ.-56-7
178. स्त्रियों की मर्यादा निर्धारित करने वाले चौधरी धर्मवीर, कौसल्या बैसन्त्री, हंस, 2/36, अन्सारी रोड, दरियागंज, नई दिल्ली-110002, दिसम्बर 2004, पृ.-60-62
179. स्त्रियों की स्थिति पर अनाम औरत की टिप्पणियाँ, मृणाल पांडे, हिन्दुस्तान, नई दिल्ली, 27 जून, 2004
180. स्त्रियों में आत्मसजगता जरूरी है, उत्तिमा केशरी, कथादेश, सहयात्रा प्रकाशन प्रा. लि., सी-52/जेड-3, दिलशाद गार्डन, दिल्ली-110095, सितम्बर 2003, पृ.-6-7
181. स्त्री और दलित प्रश्न, सुदेश तनवीर, कथादेश, सहयात्रा प्रकाशन प्रा. लि., सी-52/जेड-3, दिलशाद गार्डन, दिल्ली-110095, सितम्बर 2003, पृ.-5-6
182. स्त्री-कुंठा, ध्रुव प्रकाश सिंह, कथादेश, सहयात्रा प्रकाशन प्रा. लि., सी-52/जेड-3, दिलशाद गार्डन, दिल्ली-110095, जुलाई 2003, पृ.-7
183. स्त्री मुक्ति का अराजक दस्तावेज, प्रभात कुमार मिश्र, कथाक्रम, जुलाई-सितम्बर 2005, 4 ट्रान्जिट हास्टल, वायरलैस चौराहे के पास, महानगर लखनऊ-226006, पृ.-110-12
184. स्त्री विमर्श का शुरुआती पाठ, संजीव ठाकुर, राष्ट्रीय सहारा, 9 अगस्त 2004, www.rashtriyasahara.com
185. स्त्री विमर्श के केन्द्र में देह, मनोज कुमार झा, कथादेश, सहयात्रा प्रकाशन प्रा. लि., सी-52/जेड-3, दिलशाद गार्डन, दिल्ली-110095, दिसम्बर 2003, पृ.-5
186. स्पष्टीकरण का इच्छुक, शेखर, कथादेश, सहयात्रा प्रकाशन प्रा. लि., सी-52/जेड-3, दिलशाद गार्डन, दिल्ली-110095, दिसम्बर 2003, पृ.-5
187. हंगामा खड़ा करने के लिए, हरे प्रकाश उपाध्याय, जनसत्ता, दिल्ली, 25 सितम्बर, 2005
188. हर अवसर के लिए गांधी, देवदत्त, जनसत्ता, दिल्ली, 13 जुलाई 2003
189. हमें आप के फतवे की परवाह नहीं, प्रोमिला, कथादेश, सहयात्रा प्रकाशन प्रा.लि., सी-52/जेड-3, दिलशाद गार्डन, दिल्ली-110095, जुलाई 2003, पृ.-69

190. सौन्दर्य के नए प्रतिमान, दिनेश राम, जनसत्ता, दिल्ली संस्करण, 16 जुलाई, 2006

191. 'हिन्दी' 'साहित्य' के 'इतिहास' की 'राजनीति', डा. धर्मवीर, अम्बेडकर इन इण्डिया, तमकुहीराज, कुशीनगर, उत्तर प्रदेश-274 407, अगस्त, पृ.-16-20

192. हिन्दू शास्त्र बतर्ज दलित शास्त्र, कुमार मुकल, सम्पादकीय, संप्रति पथ, 3/102A, प्रथम तल, ललिता पार्क, लक्ष्मी नगर, दिल्ली-110 092, नवम्बर-दिसम्बर 2005, पृ.-4-5

●●●